銀河光之家族

Galactic Family of LIGHT

伊斯塔 · 安塔瑞斯 (Ishtar Antaries) / 著
空弦、施博巽 / 譯
國際黃金時代團隊

本書內容為作者與昴宿星人和銀河聯盟之間的心電感應的通訊紀錄

本書由斯洛維尼亞籍的伊斯塔 · 安塔瑞斯於 1993 年 -2009 年間的撰寫而成，
並且於 2009 年 7 月由 MusiVationInternational 出版社出版。
作者的電子信箱 :antarion@volja.net
作者的官方網站 :website www.aurora2012.net

ISBN: 1-890679-10-0

目錄

譯者序

在過去，我曾經有閱讀過眾多的靈性書籍，當偶然讀到了伊斯塔．安塔瑞斯的資訊的時候，感覺是如此特別，就像一道明亮的光，將你引向前行的神聖道路，我甚至為此開始關注並收集他的許多相關資訊。在覺醒的路上，我一直跟隨著內在的指引，當一切都準備好的時候，當和高我更校準對齊的時候，事情總是來得那麼巧合。有一天，一位靈性朋友將《銀河光之家族》的英文原稿突然交至我的手中，希望我來幫忙參與翻譯。那是我一生中令人難以忘記的日子，是聖靈的輕推。

在翻譯此書的過程中，當我明白了克裡希那穆提是為了結束地球二元對立而到來的時候；當我知道我們正在迎接新亞特蘭提斯時代到來的時候；當我知道了地球帷幕正在被抬起，光之家族將會在不久未來團聚的時候；當我瞭解到整個地球及全人類在很近的未來面臨無條件揚升的時候，我不禁熱淚盈眶，一切都是宇宙之中的冥冥安排。我與每個人都在履行著各自的神聖使命。我仿佛感受到了揚升大師及光之存有們的臨在，跟隨著他們的指引來翻譯此書，這真是一種無比喜悅的修行。

有關新時代轉變的龐大資訊正引起著許多人的興趣。伊斯塔．安塔瑞斯的書能讓我們從更高角度來清晰地看待這些資訊。當前發生在地球上的轉變，僅僅是宇宙範圍內所發生巨大變化的一個縮影。

這將是整個宇宙與源頭造物主意志的一次對齊，這個意志也是宇宙萬物的合一。伊斯塔．安塔瑞斯的書包含了極其豐富的宇宙知識，這些知識令人非常吃驚，但有很強的邏輯性和連貫性，不是現在任何教科書所能涉及到的。其所帶來的是真正意識上的轉變，能幫助更多的人從中覺醒。這裡，我想引用邁克爾．布拉德的一句話語：「請保持一個開放的心態去閱讀這本書。現在，是時候敞開你的心靈了！」是的，敞開你的心扉，打開你的思維，你將會接觸到更豐富，更寬廣，更無限的知識。

在此，我也深深感謝其它靈性人士的引領，感謝他們無私的奉獻與幫助，使得我的翻譯工作能如此順利。感謝所有的光之存有！

空弦

推薦序

星星人類／新人類／所有人類必備的轉變揚升工具書　國際黃金時代團隊 創辦人 Jedi

二十五年前因為內在的渴望開始了靈性探索的旅程，每天一到三小時的打坐靜心，每週日參加六到七小時的團體打坐靜心，每月參加二日的閉關靜心，再加上每年參加次數不等的三日，五日或七日的閉關靜心，當時心中只有一個強烈的念頭：我一定要脫離這個輪迴的系統，離開這個苦難從未停止過的地球，到一個美好的極樂世界去。後續又經歷了各種的心靈修練的系統，心中卻仍然有個疑問，究竟這世來到地球的目的是什麼？

就在2012年的四月，無意中在網路上看到伊斯塔・安塔瑞斯這本書的十篇網路翻譯稿，包括地下光之王國、銀河戰爭、雙生靈魂／靈魂伴侶／靈魂家族、揚升計畫三部曲…，當時簡直雀躍到了極點，如獲至寶，感動不已。這是第一次甚深的感受到當初來到地球的目地及使命，心中積壓二十多年的困惑終於得到了滿意的解答，雖然當時的翻譯稿只有這本書十分之一不到的章節，心中的震撼及喜悅真是筆墨難以形容。

當時書中的內容竟然也巧妙地解開了自己的身世之迷，身為一個星星人類，一個星際種子或光之工作者，我們投入了這個非常奇特的行星-地球，在帷幕的隔離下，我們忘卻了過去的靈魂旅程，每天庸庸碌碌，日覆一日，不斷重覆著同樣的戲碼，但在我們內心深處總感覺有某些重要的事需要完成；總感覺自己似乎有別於這個世界的人；總感覺某些特別的事情會發生。這種內在的渴望與指引正快速的引領許多的星星人類、星際種子及光之工作者進入覺醒狀態，並讓他們凝聚在一起，因為他們都是一群擁有許多宇宙歷練的靈魂，曾經體驗過不同的星際文明，在這一世，他們再度約定要一起協助地球的偉大轉變，完成地球人類集體揚升的重大使命。最後，用這段刻骨銘心的感受來與您共勉：

我們來自宇宙各地　為了地球的解放　我們努力了幾千年、幾萬年
這一世　我們再度共同約定來到這裏
為了地球最終的解放　為了這個美麗星球的揚升
我們是共同的靈魂家族　帶著光戰士炙熱的火焰　無畏地接受這艱鉅的挑戰
我們正在召喚你回歸光之大家族的行列
為了靈魂的約定　請與我們共同完成這壯闊而非凡的銀河使命
••••••
我們正在召喚你

作者序

這不是一本普通的靈性書籍，它是我畢生的心血結晶，我在這本書中揭露了光明勢力與黑暗勢力在浩瀚星海中上演的地球解放大史詩。

故事的起點是一個十二歲的小男孩，當時的他完全不知道自己的生活即將發生非比尋常的變化。那一年十一月十一日的深夜裡，我做了一個夢。我在夢中見到了自己的雙生靈魂，隨即我又在神遊太虛中體驗到三摩地的開悟狀態。從那一刻開始，我就想起了所有的前世和我的真實身分，我想起自己在地球上經歷過一次又一次的探索旅程。我想起自己胸懷滿腔熱血，一心一意地想讓地球重獲自由。我想起自己這一世是為了找尋一個能讓全人類都徹底覺醒的辦法。好幾年之後，光之存有、揚升大師和數百年前的靈魂夥伴們開始用心電感應的方式將這本書的內容傳授給我。

這本書在我的祖國剛出版不久之後，黑暗勢力就開始對我展開人身攻擊和精神騷擾。他們並不打算摧毀我的身體，而是想擊垮我的靈魂。當時他們差一點就要成功了。

由於我必須為自己的生命戰鬥，我開始蒐集關於黑暗勢力的各種資料。後來一位曾經是抵抗運動的成員開始指引和協助我，他也是我的救命恩人。因為他的指導，我開始能夠以更宏觀的視野看世界。我也注意到地球正在上演一部浩瀚的宇宙史詩。

隨著地球的局勢逐年改善，我開始透過心電感應與昴宿星人交流。昴宿星人是人類的姐妹種族，他們在數千年裡一直守護和幫助人類。這本書也涵蓋了他們傳授給我的訊息。

我要在此感謝阿利斯蒂德．哈夫利切克先生，感謝他願意分享梅爾卡巴的寶貴知識。我也要感謝愛麗絲．艾．貝利女士願意分享她的三位一體冥想和宏願祈禱文。當然還要感謝海倫娜•布拉瓦茨基女士，感謝她讓全人類重新認識揚升大師。

同時我也要深深地感謝所有的光之存有，感謝所有的宇宙種族和光之文明，感謝所有的揚升大師和天使。我將我的愛獻給曾經邂逅和在未來即將遇見的所有女神，感謝妳們療愈我的內心世界，並且與我分享愛、喜悅及合一。

最後，我願意把這本書獻給我至愛的雙生靈魂、靈魂伴侶和靈魂家族。

作者簡介

伊斯塔·安塔瑞斯於1971年出生在盧比安納（斯洛維尼亞共和國首都）。他在小時候就在不經意間體驗過好幾次亢達里尼的能量。他也從中清楚地回想一連串在地球上的前世記憶，甚至是他投生亞特蘭提斯王國之前的各種身份。

他在1993年開始接收心電感應訊息，並且在盧比安納成立揚升團隊。他的訊息沒多久就影響了許多人。許多斯洛維尼亞的廣播電臺和電視臺都邀請他上節目接受訪問。他最後選擇到國家電視臺接受訪問，當時全國有將近半數的斯洛維尼亞人觀看和收聽他講述關於轉變的訊息。斯洛維尼亞、克羅埃西亞和義大利的媒體都有他的相關報導。他還曾經替七家日報、週報和月刊撰寫過幾十篇文章。

他在斯洛維尼亞、克羅埃西亞、匈牙利、德國、捷克共和國、愛爾蘭、美國、澳洲、哥斯大黎加及中美洲舉辦過許多工作坊。內容橫跨揚升計畫、銀河合一坦陀羅（tantra）、顯化法則及啟動光體課程。他的書籍『揚升之星』在斯洛維尼亞出版之後大受好評。這本『銀河光之家族』就是『揚升之星』一書的增修版。

伊斯塔・安塔瑞斯現居斯洛維尼亞，擔任宇宙占星顧問。他除了研發了一套超光速粒子艙之外，也與人合夥在歐洲創辦一家名為『New Energy Tachyon』的科技公司。該公司負責將超光速粒子產品推廣到全世界。他每年也會到全世界的聖地舉辦能量活化儀式，並且在現場活動中傳授他的知識。

第一章

1 邁向寶瓶座時代

人類撤離地球的相關訊息已經引起了很多人的興趣，讓我們以邁向新時代的宏觀角度來看待這些訊息吧。當前地球上發生的轉變，其實就是宇宙中正在進行的超級大轉變的渺小縮影。全宇宙正逐漸與造物主的神聖意志對齊，這個意志就是宇宙萬物的合一意識。現在全宇宙正在回應來自高等意志的脈動，並且開始從膨脹（呼氣）轉變成收縮（吸氣）。

現在宇宙正好處在閉氣的轉捩點，神聖意志在這個階段可以直接顯化成宇宙萬物。神聖意志的能量從銀河系中央以螺旋運動的方式向外擴散。由於時空連續體的扭曲，加上線性時間觀的限制，這股能量不會恰好在同一時間抵達銀河系的所有區域。現在它已經抵達我們的地球，並且逐漸將我們的意識從二元提升到合一。地球正在穿越一個光之環，而這個光之環象徵舊能量到新能量之間的過渡地帶。

♥11：11次元門戶

光之環地帶正是 11:11 次元門戶的所在地，這裡是一個三維世界前進五維的空間跳板。地球從 1992 年 1 月 11 日開始進入到 11:11 次元門戶的星際旅程，同時地球的時空結構也開始出現裂縫。宇宙之愛及合一能量從那一天將開始就不斷地從這些裂縫湧入地球。

地球上的人類將會在光之島上過渡到合一意識，這些新時代社區發源於1995年，靈魂家族的成員將會在這些社區內團圓。這些人的親情是烙印在靈魂上的緣分，另外靈魂伴侶和雙生靈魂們也會在光之島上相遇。原先二元世界中僅限兩個人的親密關係也會擴展到整個社區。

1999年8月11日11時11分的日全食，地球穿過斯帕普（Sipapu）合一次元軸線。這代表著地球在11:11次元門戶轉變旅程進入了最精彩的階段，當天也是地球感受到宇宙閉氣狀態的時刻。11:11次元門戶帶來的轉變將會在地球一直持續到2012年，屆時地球將會進入銀河光之網路，成為一顆眾生平等，安詳和樂的樂園星球。

2 融合

摯愛的星際天使家人已經喚醒了你們彩虹身體中的內在火焰，他們開始聚集在解脫漩渦之中，一起創造銀河光網格。神聖意志的火花也創造出能量漩渦，呼喚著我們在宇宙各地的星際家人。當所有的星際家人合為一體，化身宇宙父神、母神的時候，我們會共同

形成揚升的十二芒星……

這是一個神聖結合的時代，也是一個相親相愛的時代。親密關係讓我們彼此靠得更近。我們在表達情感的同時變得更了解深層的自己，在肉體上達成靈肉合一。我們在團體中可以用心感受各式各樣的能量，然後在團體中與靈魂家人身心合一。所有人都可以加入並且被接納，前提就是：我們的心中要渴望合一，完全敞開心胸，同時放下所有的佔有欲和不能帶來幸福的人際關係。

在我們的團體裡，天使、男人和女人會聚在一起療癒性愛分離的能量。我們用開放的心和真摯的愛來表現我們的性能量，不過我們在多數的場合只需要溫柔的愛撫就足以表達我們的性能量，而不一定需要透過性愛。我們將性昇華成愛，並且合力創造出一個五維的流光能量場。

六維的靈魂伴侶關係加深了我們的神聖連結，接著我們在第七音程裡與至愛的雙生靈魂合而為一。這些嶄新的人際關係是我們光體的外在化身，能夠將五維至七維的實相在實體世界中顯化。所有與我們融合的存有都是單一神聖火花分散在各個維度的投影。現在這些分散在四面八方的星際存有們正在重新合而為一。

所有維度之間靈魂融合都會形成環環相扣的能量漩渦，進而開啟揚升漩渦。揚升漩渦是三維世界到七維世界之間的能量緩衝區。它會啟動靈魂團體的光體，而後實現集體揚升。

3 我們將何去何從？

你們好，親愛的兄弟姐妹們。這裡是阿斯塔指揮部的克洛特隆星際基地。

我們是你們的星際兄弟姊妹。我們以和平與光的名義來到地球，幫助你們渡過地球新意識的轉變時期。

你們的世界正在發生重大的變革，而且距離史無前例的大躍進只差臨門一腳了。它即將進入屬於光的世界。歡慶吧！重獲自由的時刻就在眼前了。

♥薩南達

我們在地球周圍佈署了無數艘光飛船。我們的精神導師正是人類認識的耶穌基督，我們則尊稱祂：

歐爾頌・薩南達大師(OrthonSananda)。現在我們以大師之名，向你們傳遞救贖的福音，而未來地球的三波集體揚升潮將會實現全人類的大救贖。

目前我們正在尋找想加入第一波集體揚升潮的人類。任何人只要決定參與第一波揚升，我們就會用光柱將他(她)帶進我們的飛船。這些人接著就會在飛船上將意識從第三維度提升至不受時空限制的第五維度。他們將體會到重獲自由的喜悅和無窮無盡的宇宙之愛。另外他們揚升後的肉身也會變成不老不死的天使光體。

第一波集體揚升完畢的新科揚升大師們隨後會返回地球，並且在人類兄弟姊妹的生活中傳遞光與愛。他們將會在世界各地開闢光之社區，傳授人類宇宙的共同法則和指引通往光明的道路。不過回地球並不是唯一的選項。這些大師們可以前往深層宇宙空間，邁向浩瀚無限的奇幻冒險。

我們等待了幾千年的時光，而現在最後的等待時光即將進入尾聲。所有人內心的渴望都將實現，最不可思議的奇蹟也即將降臨。奇蹟是宇宙之愛最自然的表達方式，只可惜生活在地球上的你們還不相信這個事實。

如果你們的內心渴望解脫，渴望成為光之存有的話，現在就下定決心吧。揚升的大門為任何願意轉變的人敞開。

當你們下定決心想要揚升的時候，我們就會發送光與愛的能量給你們。這些能量會開始清理你們的思緒、感受和身體，協助你們準備接受振動頻率極高的，那道帶你們進入飛船的升天光柱。你們對世界和人生的認知會開始改觀，接著你們會逐漸淡忘腦海中冰冷僵化的想法，讓腦袋和內心預留空間給無盡的宇宙之愛。

你們在接收光與愛的能量一段時間之後，壓抑許久的憤怒、恐懼和哀傷會湧上心頭，讓你們有機會清理這些負面情緒。過去隱藏的一切事物都會變得清晰可見，讓你們用愛療癒自己。你們的身體會用更高的振動頻率來應對不同的古怪症狀。你們偶爾會感覺莫名的疲倦和想睡，有時候則會感覺生龍活虎，精神特別好。

♥通往未知的道路

揚升是一條通往未知的道路。這時候傾聽內在的智慧是非常重要的，因為它知道什麼是真相。它也知道揚升是一條學習愛的旅程，而旅途中一定會出現疑惑和考驗。如果你們想要揚升，就必須放下對三維世界的執著。你們遲早得選擇在新世界或舊世界中生活。屆時你們將會領悟到：你們必須放下任何與至高真理無關的事物。如果你們想繼續精進的話，就絲毫沒有妥協的餘地。

一旦你們越深入自己的內心，就越能感受到平靜，抉擇也會更加堅定。呼喚我們並且邀請我們進入你們的生命吧。許多人已經開始與我們聯繫，並且從我們這裡獲得不少禮物。沒有理由你們不能成為他們的一份子。

對於你們來說，學習自愛是非常重要的功課。原諒自己曾犯下的所有過錯，因為你們都是美麗的神聖存有。當你們寬恕自己的時候，你們會敞開自己的心房，接著寬恕你們的兄弟姐妹。無論你們身在何方，都要專注於真理並且追尋美好的人事物。真善美將會引領你們進入到全新的世界。新世界將會是僅存的一切，因為舊世界到時候已經分崩離析。

當全世界出現足夠志願者的時候，第一波集體揚升就會發生。它隨時都有可能發生，所以請不要掉以輕心，並且做好揚升的準備。當這一刻到來的時候，你們會在眼前看到一道明亮的光柱。無論你們是否睜開眼睛都能看見這道光柱。一旦你們走進這道光柱，我們將會把你們帶上飛船。你們做出這個決定的時候，無需擔憂自己的親朋好友。他們都會得到很好的照顧。如果你們有孩子，那麼他們也會一起離開。你們所有的親朋好友都會在夢中得知你們已經離開。其實你們也沒有跟任何人分開。因為第一波集體揚升的人大多數會在幾個月之後返回地球，並且引領全人類進入到光的世界。

我們也會和你們在一起。

4 來自星際家人的呼喚

我們來自光的世界，我們是你們的兄弟姐妹。我們就在你們的身旁，聲聲呼喚著你們，盼望你們早日覺醒。現在的你們即將從凡人的生活中覺醒，閃耀著天使般耀眼的光芒，並且準備好在不久的未來揚升。

很久很久以前，整個星際家庭一同生活在美好的合一世界裡面。後來你們投生到二元世界精進自己的智慧，而現在的你們已經可以回歸到更加輝煌的合一之中。公元1992年-2001年，地球經歷了11:11次元門戶的洗禮。這個門戶是一個振動頻率非常高的光之能量環，而且它橫跨了二元和合一這兩個截然不同的進化系統。星際家庭的所有成員都會在這段時間內揚升，與其它兄弟姊妹們團聚。

我們一起穿越獵戶座的安星門，回歸到合一銀河系繼續進化的旅程，最後一起建立銀河光網格。我們現在祈求你們早日覺醒，所有的地球上的星際家人們都能團聚。我們一起回家吧！回到合一的銀河家鄉！

從你們想起自己是來自星星的天使的那一刻，你們就已經開始覺醒了。你們會開始感覺到身為天使的美好；開始發現原來自己就是無所不在的合一意識；時間變得沒有意義，只有無限的永恆。歡迎進入合一新世界……

身為一個星際存有，你們散發著天使的漩渦能量，吸引你們的靈魂家族、靈魂伴侶和雙生靈魂。你們會與他們在地球上形成全新的人際關係。過去只容許兩個人你儂我儂的世界將會大幅改觀。許多人開始會聚在一起，過著親近、合一又神聖的團體生活；感覺就像過去跟天狼星系的鯨豚家人一起生活、一起嬉戲一樣。

我們也呼籲你們開始舉辦團體聚會，開始與靈魂家人和同樣生活在人間的天使們見面。大家在團體中互相扶持，打油打氣，同時在團體生活中學習修補自己的人際關係。換句話說，你們之後會開始坦然地接受真實的自己，並且在團體中發光發熱。每個人都能敞開心房，欣賞彼此的優點。忌妒、依賴感和佔有慾等等的想法會自然地逐漸消失。慢慢地，你們會感覺生活越來越有活力，所有的渴望都會在合一中實現。許多肢體親密接觸和性能量方面的禁忌也會逐漸被打破，進而昇華成責任和承諾。你們會坦率地在團體中表達自己的性和愛，讓性與愛重新合為一體。每個人都會學習同時以男人、女人和星際天使的身分過著團體生活。大家互相照應、愛撫、親吻、享受靈肉合一的美好。親愛的天使們，讓愛填滿每個人的心房吧！

你們現在就可以呼喚靈魂伴侶和雙生靈魂，與他們建立起刻骨銘心的感情。你們可以同他們組成親暱的小團體，感受彼此之間獨一無二的緣分和相知相惜的美好。當你們邂逅自己的靈魂伴侶和雙生靈魂，並且與他（她）合為一體的時候，你們的揚升進度將會大幅提升。這時候的你們將會與自己的靈魂家人一起實現集體揚升，並且進入肉眼看不見的乙太合一螺旋。

二元世界和合一世界是兩個截然不同，而且水火不容的世界。它們各自有著不同的運行法則，沒有人可以同時生活在這兩個世界。任何眾生遲早都得選擇在其中一個生活，而且絲毫沒有折衷的空間。一旦你們選擇合一，就必須放下所有無法帶來幸福、喜悅而只有折磨的人際關係。合一世界裡面的任何光之存有都是在親密關係中學習，在愛人與被愛中成長；苦難和折磨在這裡毫無意義可言。親愛的家人們，你們都是生活在地球上的合一守護者，所以要記得為自己的幸福著想。

未來地球上會有越來多靈魂家族、靈魂伴侶和雙生靈魂組成的靈修團體。這些團體會在世界各地形成彩虹揚升漩渦，並且合力完成大計畫的最後工作：地球揚升。世界上有許多成立宗旨相同的靈修團體，只不過你們有時候沒注意到罷了。所有正派靈修團體的成立宗旨其實都一樣：協助人類獲得真正完整的自由和揚升。現在地球非常需要所有的光之點串連在一起。所有的靈修團體，不論他們的形式或信仰為何，都應該團結一致，一起組成地球的光之網格。人類將一起透過這個光之網格，一起將光與愛散播到全世界。這股光與愛的暖流將會溫暖所有人的心，療癒累世以來的傷痛。我們將一直陪伴你們，完成這項神聖任務⋯

5 大撤離：通往聖光的道路

這裡是阿斯塔指揮部。我們在此鼓勵著你們並且向你們保證：你們沒有任何理由需要感到恐懼。地球的轉變其實早已經開始，而轉變的高潮將會連帶引發地表世界的大變革。屆時地球上將會充滿無盡的光與愛。請大家切勿把轉變看成是大災難，而是將它當作一條通往聖光的道路。

♥每個人都有自由選擇的權利

任何人只要是以自由意志決定離開地球，我們就會在大撤離之後將他（她）安置到適合他（她）的星球。適合的標準將依照個人的選擇和發展程度而定。

如果某人在大撤離之後選擇繼續過著二元的生活，我們會把他帶往他願意居住的二元性星球。接著他就可以在各方面都比地球好上許多的世界裡生活、成長。不過有些時候，他還是會被自身情緒和生活周遭的人事物影響。這裡的日常生活跟地球生活挺相似，只是不會有戰爭、饑荒或自然災害。選擇二元生活的人將會開始學習過著比先前在地球上更加祥和有愛的生活。

至於選擇合一生活的人，過一陣子就會以揚升大師的身份返回地球；接著在新時代中過著完美無缺的幸福生活。

至於原本是星際人類的地球人，他們可以選擇回到他們的母星，或者一些人前往高次元的未知領域開始下一段旅程。每個人到時候都能夠以自身的自由意志做出選擇，沒有人會受到懲罰，因為每一個人都是神的子女。對於打算揚升進入光之世界的人類而言，最重要的就是一顆天真無邪的心。不過許多人會做出揚升以外的抉擇，這也倒無傷大雅。因為每個人都會做出最適合自己的抉擇。

至於那些堅持為非作歹，不願意棄暗投明的人，他們就得經歷類似於死亡的過程，重新開始演化(進入銀河中央太陽分解成基本元素)。不過別擔心，你們之中並沒有這種壞傢伙。

♥現在是一個無比殊勝的時代

地球周圍有無數的光之存有、天使和睿智的大師。他們正努力地將聖光的能量傳導給地球上有能力運用聖光的修行人。如果你們能夠欣喜接受這道光並且對彼此敞開心胸的話，那肯定會是一件很美好的事情。

平常別太苛責自己和身邊的人，因為你們還是個童心未泯的種族。每個人都是獨一無二的美麗存有。你們並不是每天都要面對雞毛蒜皮小事情的小人物；你們是永恆不朽的光。現在就覺醒，開始發掘自己的真實身份吧。同時也別忘了尋找生命中美好的人事物，並且將美散播到四面八方。

你們不需要等待大撤離或者大轉變。這兩件事情會在時機成熟的時候發生，所以請你們不用擔心。一旦他們真的發生了，你們都會收到通知並且有時間做好足夠的準備。請大家在那之前充實地享受自己的人生，讓生命變得多彩多姿。平常就可以多跟我們連結，我們永遠都很樂意用盡各種方法跟你們互動。試著在冥想中連結我們。我們永遠都是你們的得力好幫手，甚至出現在你們的現實生活中出過好幾次力。如果你們知道揚升大師們幫過你們多少次忙的話，肯定會嚇一大跳。

我們不光是與各式各樣的團體合作。每個人對我們而言都是同等的重要。我們想再三強調現在地球周圍有著一股不可思議的宇宙之愛。你們可以用意念讓這份愛進入自己的生命。如果你們想結束輪迴轉世並且成為揚升大師的話，揚升的大門也已經為你們敞開。沒錯，只要你們發心立願，就可以在這一世揚升。這裡是阿斯塔指揮部，在此獻上我們的問候和祝福。

♥阿斯塔指揮部連結冥想

1 全身放鬆，闔上雙眼，專注於自己的呼吸。
2 觀想一道潔白明亮的守護光柱包住整個身體。
3 身體的每個部位隨著呼吸越來越放鬆。
4 花一點時間觀察自己的感覺和想法。
5 開始想像所有阿斯塔指揮部的人事物，然後全神貫注地呼請阿斯塔指揮部開始與自己連結，互動。
6 將意識集中到自己的心輪。深呼吸打開自己的心輪，讓它成為連結的管道。

阿斯塔指揮部從來不會冷不防地跟人類連結，而且它與人類互動的過程總是非常地溫和，充滿光與愛。經常練習一段時間之後，你就可以開始接收來自阿斯塔指揮部的心電感應訊息。

6 讓我們成為睿智的大師

我們生活在一個非比尋常的時代，一個地球歷史上從未出現過的殊勝年代。這也是一個人類的靈性急遽發展的時代。人類終將大徹大悟，並且揚升成為睿智的大師。

你們好，親愛的兄弟姐妹們。這裡是阿斯塔指揮部。我們在此向大家訴說著你們有生以來最偉大的奇幻冒險。你們會在這場冒險中獲得自由，了悟生命的意義，最後重獲新生。你們在這場冒險結束的時候，將會發現自己的天命和生命旅途的最終目的地。什麼是揚升？揚升是你們脫離二元世界並且回想起真實身分的時刻。揚升是成就永生、無限喜悅和一切圓滿的時刻。你們的心胸和智慧將會浩瀚到自己難以想像的境界，而且將脫離一切因果業力和二元觀念的束縛。你們都會成為睿智的大師。如果你們想用肉身示人的話，你們將會擁有不老不死，活力無限的強健身體。你們將可以用意念變出任何想要的人事物，不過你們的動機要與神聖計畫保持一致。你們都是療癒眾生、教化人心和成就真善美的大師。

♥揚升計畫三部曲

這次的轉變並不限於某些特定的人選。任何人只要保持開放的態度，同時希望在更高實相生活的話，就能利用這個機會來改變自己的命運。開放和期待正是揚升的兩大條件。我們會盡量清楚地描述揚升的全部過程，好讓你們更容易下決定。

你們想要揚升嗎?揚升是一個漸進的過程，而且會在最後的事件中達到高潮。最後的事件實際上就是地球的集體揚升潮。集體揚升潮一共有三波。第一波集體揚升潮會讓地球上意識水平最高的星際人類(他們來自其它恆星系並且轉世為人)找回他們的真實身份。第二波集體揚升潮會讓其餘的星際人類晉升成為揚升大師。第三波集體揚升潮則會讓準備好的人們跟著揚升。

讓我們澄清一下：大撤離和揚升是兩件不同的事情。大撤離是將你們的身體帶進乙太光飛船。揚升則是將你們的意識從三維時空提升到五維——充滿愛與光的合一意識。阿斯塔指揮部擁有愛的靈性科技。這些科技可以大幅加快你們的身心靈成長。第一波集體揚升潮已經近在眼前。雖然沒人知道確切的日期，但是它隨時都有可能發生。第二波集體揚升潮會在第一波揚升不久之後發生。第三波揚升則會在人類大撤離完畢之後發生。

♥第一波揚升

地球在通過 11:11 次元門戶開啟的轉變期間，我們的星際兄弟姊妹和阿斯塔指揮部成員會予以協助。這群為數將近 1000 萬的光之存有生活在太空船裡，細心地守護著我們的星球。耶穌基督（薩南達大師）就是他們的精神導師。

目前他們的核心工作目標就是地球的第一波集體揚升潮。從維度的角度來說，揚升就是人類從二元的三維世界，超越時空、罣礙、因果和生死的限制，提升到只存在著光、合一、愛和永恆的五維世界。揚升同時也是一種意識的提升。它能讓我們變得跟揚升大師一樣，過著清淨自在的生活。揚升大師們不久之後也將回到地球，重現耶穌當年創造過的各種奇蹟。接著地球就會出現第一波集體揚升。星際家人們屆時會跟 1000-2000 位人類志願者團聚，而這些志願者們將會自願接受揚升。阿斯塔指揮部會利用乙太流光科技啟動這些人的靈魂代碼，將他們的意識提升到揚升大師的水準。

第一波揚升開始的時候，地球上意識水平最高的星際人類將會加入揚升的隊伍。星際人類是來自其他恆星系統的天使存有。例如：天狼星或昴宿星團。他們轉世為人，參與人類的進化旅程。對他們來說，揚升是必經的成長過程。揚升不光是意識會提升，我們的肉體也會被光柱帶上飛船。

一個人在即將揚升的時候，他會看到一道光柱從天而降。這道光柱明亮到無論這個人是否有張開眼睛，都能看得到。一旦他走進這道光柱，將會被帶上飛船。如果他不願意的話，他就會留在地球上。一個人是否會揚升，其實取決於他的自由意志。一旦我們選擇揚升，我們也無需擔憂自己的孩子。因為自願者的子嗣也會跟著一起離開。這些自願者不久之後就會以揚升大師的身份返回地球。他們會開始為地球人籌備第二波揚升，並且提升人類的集體意識。

每個人都有可能在第一波揚升潮中順利揚升。最重要的就是做出一個真誠而且明確的決定。當然，任何決定揚升的人都會歷經一番緊鑼密鼓的前置準備。至於沒有準備好參與第一波揚升的人，他們之後很可能會準備參與第二波揚升。

任何人都無需擔心自己不能成功揚升。因為我們不需要大徹大悟，身心靈完全淨化之後才能揚升。更加重要的是：無條件地下定決心揚升。一旦我們下定決心，生活就會以極快的速度改變。我們會開始清理情緒和思緒方面的障礙。清理過程中有幾件重要事情。首先，我們不會在過程中回憶起自己的過去；第二，這條揚升之路的前方總會有我們需要完成的目標；第三，我們要相信揚升大師們會在整個過程中提供指引。定期冥想會有很大的幫助。一旦我們能寬恕自己或他人，放下對人事物的執著和未竟之事的罣礙，我們就能真正地體會真、善、美，並且精進自己的意識層次。

♥第二波揚升

第一波揚升之後，揚升大師們會回到地球徵召第二批自願揚升者。當自願者達到 144,000 的臨界人數之後，地球上就會出現第二波集體揚升潮。屆時這 144,000 名自願者都會成為揚升大師，準備幫助全體人類進入新時代。

當這些大師們回到地球之後，他們會開始籌備第三波揚升以及人類大撤離。

♥第三波揚升及大撤離

第三波集體揚升潮期間，全世界也會開始進行大撤離。揚升是意識層面的提升，而大撤離則只是我們的身體被帶上飛船。

當時機成熟的時候，所有人都會透過媒體或心電感應得知大撤離的相關訊息，並且開始準備離開地球。緊接著世界各地都會出現大型母艦群。小型飛船會從這些母艦出發，飛行到接近地表的上空並且射出一道特殊的光柱。任何人只要是以自由意志決定進入光柱，就會被帶上飛船然後離開地球。大撤離將會以電光火石的速度進行，全人類大概只有十五分鐘的時間做決定。屆時最重要的事情就是相信這些飛船，並且無須害怕。

另一件非常重要的事情是放下對身外之物的執著。因為當我們被帶上飛船的時候，不會攜帶任何隨身物品。大家會在飛船上跟自己的親朋好友團聚，接著就會有一個選擇的機會。如果某人想繼續生活類似地球的二元世界，他（她）就會被帶到同樣有二元性的星球。如果他（她）想以光之存有的身份生活的話，他（她）就會以揚升大師的身份回到地球。同時地球也會轉變成一顆光之行星。星際人類們則可以選擇回到自己的母星；前往更高維度的世界，抑或繼續留在地球。

♥揚升會以甚麼樣的方式發生呢？

在集體揚升正式開始之前，也就是你們被帶上飛船的前幾個小時，你們會感覺周遭湧現大量的愛與光；思緒變得無比清晰與平靜。你們會發覺我們無所不在。緊接著你們將有機會放下二元世界的所有牽掛；同時下定決心，準備揚升。

集體揚升正式開始的時候，你們的眼前會出現一道極為明亮的光柱。無論你們是否睜開眼睛，都能看見這道光柱。你們都會得到指引，而且很自然地知道該做哪些事情。你們在進入光柱的一瞬間，你們的自由意志就已經接受了揚升的抉擇。揚升光柱將會把所有決定揚升的人帶上飛船。

有些人在飛船上會感覺身體不適。他們會先被帶到更適合他們的空間放鬆休息。你們將會親身體驗揚升之後的真實情況。然後你們可以有機會選擇留在飛船上；前往高維世界探險；或者是以揚升大師的身份返回地球。未來的地球會需要非常多的揚升大師提供協助。

你們成為揚升大師之後，將會對新地球社會的建設以及針對人類的療癒和啟蒙工作發揮莫大的作用。許多揚升大師都會回到地球幫助其他眾生。相較於過去受限於二元世界的凡夫之身，揚升大師們可以用極高的效率執行神聖任務。你們在揚升的過程中需要進行許多前置準備和修煉，特別是針對情緒體的療癒。

7 為揚升做好準備

揚升是一趟非常緊湊刺激的旅程。人類的集體意識會在非常短暫的時間內發生非常大的轉變。你們在旅程中需要經歷無數的靈性成長課題，而你們在過程中也將獲得無數的喜悅。

你們好，親愛的光之存有們。這裡是阿斯塔指揮部。這一次，我們將講述關於揚升的準備工作。揚升是一個需要你們窮盡一生努力的目標。我們希望讓地球上盡可能多的人可以知道：你們這一生的目標就是從地球靈性學校畢業，然後成為慈悲而且睿智的揚升大師。

不過呢，宣傳揚升訊息也帶有一定程度的風險。我們發現：許多人在聽到揚升訊息的當下都感到無比地興奮。我們能理解你們期待的心情，但是有些人卻因為聽聞訊息之後轉而守株待兔，只想等待飛船現身解決問題；以至於忘卻了此生來到地球的目標。這並不是我們樂見的事情。我們建議你們帶著決心和信心走上揚升之路，並且在修行的過程中學習與我們合作，互相砥礪。

我們也希望你們不要過度依賴我們提供的訊息，而是仔細傾聽自己的心聲。一旦你們下定決心承擔自己的使命，就必定會揚升。你們必須為自己的地球生活和成長挑起所有的責任。因為你們承擔的越多，收穫也會越多。你們不需要花時間鑽研揚升的原理，也不需要將自己修煉成完美無缺的靈修高人。你們堅定的決心及開放的心態才是真正重要的事情。至於你們能夠揚升的原理如下：你們的心智體趁你們在我們的船艦上睡眠的時候接收必要的行動指南，因此你們能在時機成熟的時候做出正確的反應。

♥愛惜自己的奇蹟

學會愛惜自己是一件非常重要的事情。平時就對待自己好一點，因為只有愛惜自己才能達到真正的療癒。

許多人都渴望被愛。那麼現在開始就從心出發；敞開心扉並感受自身靈魂的美麗吧。每天冥想會是十分管用的方法。對於想要揚升的人來說，冥想幾乎就是每天必做的功課。因為冥想可以讓你們更接近自己的靈魂，而愛惜自己就要從愛惜自己的靈魂開始。現在就放下所有自卑和罪惡感吧，因為你們再也不需要這兩種情緒了。你們一切的所作所為都已得到寬恕和赦免了。如果你們需要愛的話，不要害怕，儘管來取吧。你們就像孩童一樣。我們會幫助你們，並且引導你們找尋深藏在內心的愛；同時在生活中找回真正的自己。

愛是一種能量。如果你們願意放開心胸，我們可以發送愛到你們的心輪。經常愛惜自己的好處就是：你們可以分享愛給其他人。你們給出的愛越多，獲得的愛也就越多。這就是徜徉在大愛海洋的奇蹟。

♥轉變的過程

你們即將經歷一個極其重大的轉變。你們在這個過程中必然會經歷許多情緒方面的清理。你們會直接面對自己的七情六慾，並且要學會放下恐懼、憤怒、悲傷等等的負面情緒。這並不意味著你們得深入自己的情緒，而是單純放掉它們就可以了。你們將拓展自己的心境，然後超越所有的負面情緒。有時候清理的過程會引發非常強烈的心理反應，所以你們得用盡量溫和的方式進行清理。

你們要對自己保持信心和信任。你們不需要太在意堆積已久的陳舊情感，而是要專注於對自己有幫助的人事物。隨著你們的心智體逐漸地改變，陳舊的記憶、經年累積的習慣和想法乃至於所有過去的認知都會逐漸消失。你們無需對它們依依不捨，因為你們前方的人事物才是真正重要的。

有時候你們會對生活感到懷疑或困惑，但這只是轉變過程的一小部份。你們可以嘗試冥想並且跟我們交流，向我們尋求幫助。現在就連你們的肉體也開始對日益增長的能量流有了生理反應。

有時候你們會感覺身體變得很奇怪，而且會聽到奇怪的聲音。有時候你們睡再久還是會感覺非常疲倦，有時候卻又會感到精力充沛。當然你們也可能會察覺到其它異狀，但願這些不會對你們造成困擾。希望你們保重身體。多吃營養的食物。有空就多休息、多運動。最重要的是，給自己滿滿的愛。

人的一生最重要的課題就是學會放下對二元世界的執著。你們可以自己學著放手，不過呼請我們的幫助也是很好的辦法。你們可以呼請大天使麥克—祂是斬斷所有二元罣礙的專家。另外，你們還要解決一生當中的所有尚未完結的心願和生命課題。

請你們放下所有與你們的天命無緣的人事物，把自己的心力留給光、真理與大愛。有些人會擔心自己揚升以後沒辦法兼顧自己的親朋好友。這一點你們無需擔心，他們都會得到妥善的照顧。如果你們的子女還無法自行打理生活，那麼他們會跟你們一起同行。這裡是阿斯塔指揮部，我們在此送上我們的光與愛。

8 11：11

11:11是通往合一的宇宙次元門戶。讓我們一起邁向合一吧。

你們好，兄弟姐妹們。這裡是阿斯塔指揮部。今天我們想要訴說一個開天闢地以來，兩個不同實相系統之間所發生過的最大轉變。

目前整個宇宙正處在一個劇烈的重組狀態。它也正與造物主的萬物合一意志進行對齊。換句話說，這個宇宙正在回應來自天堂的神聖脈衝，並且從膨脹（吐氣）轉變到收縮（吸氣）。

現在這個時期正好就是宇宙處於閉氣的轉捩點，而神聖意志在這段時間內可以直接對宇宙萬物進行顯化。神聖意志的能量從銀河中央太陽出發，並且以螺旋運動對外發散到整個銀河系。由於宇宙時空結構的扭曲，這股能量沒辦法在線性時間系統之下同時傳到四面八方。現在這股能量已經來到地球。它將讓你們從二元世界過渡到合一世界。

這股能量其實是一個名為 **11:11** 的次元門戶。它是通往合一意識的門廊。天地萬物都可以透過它進入全然的合一，從此告別二元性和分離。現在這個門戶正向全人類敞開。

你們生活在次元門戶的星門全部開啟的時代。所以你們無需考慮自己是否有能力擺脫所有的罣礙並且進入更高的靈性旅程。

進入合一的境界永遠都是當下的事情，無關過去或未來。所以大家要盡量學會活在當下。寫意地來說，就是活在宇宙閉氣的狀態。

你們可以與星際兄弟姊妹們連結，聽他們分享合一的訊息。你們可以與大樹和森林連結，與大自然合而為一。你們可以與彼此交流互動，共同創造合一的氛圍。你們可以成立致力於合一的團隊和社區，進而創造一個全新的世界。你們的信念總有一天都會實現，所以你們要試著專注於新的想法，努力增廣見聞並且堅持朝著自己的目標努力不懈。

你們一定不會錯過 11:11 次元門戶所帶來的合一世界。你們在最深層的本質都是合一。合一是這個大時代無可避免的趨勢。你們要相信人生當中一堂接著一堂的生命課題都是為了讓你們更了解自己的真實身份——你們都是合一。

♥11：11次元門戶

1992 年 1 月 11 日，地球上的星際人類合力開啟了 11:11 次元門戶。這道門戶在 2011 年 11 月 11 日關閉以前會持續傳輸合一能量到地球。

地球在門戶開啟的十九年內會穿過一個宇宙光之環，也就是二元/合一世界的疆界。地球屬於還沒有被銀河中央太陽的能量徹底洗禮過的星區，而疆界的另一端則是完全浸淫在合一能量的世界。

宇宙光之環是一個非常強勁，而且會日益增強的能量環。它可以在二元/合一世界之間形成一個橋接點。在為期十九年的過渡期間內，地球眾生的進化速度將會提升好幾百倍。你們會發現自己即將離開舊世界，然後進入未知的領域。你們對時空和物質的認知也會跟著改變。你們的眼界也拓展到前所未有的境界。

你們有時候會同時生活在二元和合一世界。我們建議你們專注展望新世界，這將可以讓你們以極快的速度進入到合一世界。一旦你們專注於高維的永恆世界，轉變的過程就會變得順暢許多。現在就是人類與我們攜手向前，互助合作的時刻。我們都是合一之子。這裡是阿斯塔指揮部，在此獻上我們的問候。

譯註：後來 11:11 次元門戶並沒有在 2011 年 11 月 11 日關閉。光明勢力決定讓它持續敞開，直到地球完全進入合一世界。

9 星際人類

我們來地球實現神聖的夢想。我們在地球上覺醒並且化身為永恆之光。

我們是星際人類。

你們好，親愛的兄弟姐妹們。這裡是阿斯塔指揮部。我們正在幫助你們回想起你們的真實身分和真正的故鄉。這兩個問題，你們或許已經問過自己無數次了。在這個光榮的時刻，問題的解答就像生命之水一樣，緩緩流入你們的心房。

♥你們來自哪裡？

你們來到地球生活之前都曾經有一段無限喜悅的時光。你們是偉大的天使存有；與神聖源頭完美合一，並且過著美好的揚升生活。

有一天，地球向全宇宙發出了求助信號，希望有自願者前去幫助她。一部恢弘的史詩就在地球上演了。天地之間出現了全新的種族：人類。做為一個新生又毫無經驗的種族，人類需要更成熟的存有提供協助。你們之中的許多人回應了地球的請求。

目前在地球上生活的天使們有些來自於昴宿星團，有些來自於天狼星、畢宿五。有些甚至是來自我們的姐妹星系——仙女座星系。

♥你們為何在地球上生活？

你們從四面八方來到地球上空的星際艦隊群，搬到這些光之城中生活。你們一起創建了阿斯塔指揮部。

阿斯塔指揮部的許多存有從來沒有轉世到地球上生活，不過也是有像你們一樣的勇者下凡來執行任務。如果你們對這篇文章有著濃厚興趣，而且發現每句話都能深入內心，就代表你們非常可能就是星際人類，而且是阿斯塔指揮部的成員。

許多星際存有為了幫助人類，已經在地球轉世過很多次。你們的協助已經讓人類的進化一日千里。但是三維世界的生活卻使得你們的意識陷入了昏厥狀態。你們忘記了自己過去的身份，也忘記了自己的故鄉。

許多投生地球的星際人類都受困於渾渾噩噩的凡人生活。現在你們覺醒的人數越來越多。這帶給我們很大的希望，同時也讓地球的揚升作業得以展開。

地球就像是銀河系的針灸穴道。一旦這個穴位被打通了，對整個銀河系會有巨大轉變和療癒效果。一旦地球揚升了，她的光與愛將會傳遍整個銀河系。

宇宙中有無數的星球也正在成為光與愛的揚升之星。你們在揚升之後就有機會造訪它們。

♥星星小孩

有些人的進化旅程絕大部分發生在地球以外的世界。這些人開著星際飛船，行跡遍及整個宇宙，而且投生地球的次數屈指可數。這些人就是星星小孩。

星星小孩多半對三維世界的生活感到非常陌生，而且他們在內心深處都非常清楚自己的星際家鄉。他們或多或少會覺得自己不太正常，甚至認為自己精神錯亂。這當然不會是真的。親愛的星星小孩們，你們都是光之存有。你們來自愛與光的世界，為了幫助人類療癒長久以來的創傷而投生地球。

現在已經不是你們繼續藏身人群的時候了。現在的你們得開誠佈公地跟人們談論你們的真實身世。更重要的是，你們要在地球上活出星際存有的精彩人生。

你們唯一該做的事情就是愛惜自己的一切，同時不要為了別人的期望而活。因為你們沒辦法達成別人對你的期待。你們的生涯規劃就只有與生俱來的崇高志業：為天下眾生帶來永恆不朽的生命力。如果有人看不慣身為天使的你們，只需要諒解他們並且繼續堅持履行自己的使命。你們本來就是星際存有，不需要為了這個事實感到愧對任何人。

請在冥想和日常生活中呼請自己的天使。請求你們的天使賜與星際名字給你們，也就是你們亙古不變的真名。一旦你們能善用自己的星際名字，之後就再也無須畫地自限了。請你們試著化身為地球上的天使，並且將天使之光帶進這個世界。

這個世界非常需要光與愛，而你們天生就有傳遞光與愛的獨到天賦。請與我們連結，也與你們身邊的天使互動。雖然你們有時候會感到寂寞，但是你們真的不孤單。你們有很多朋友。你們擁有彼此。花草樹木、飛禽走獸也都是你們的朋友，尤其同樣是星際存有的海豚。他們來自天狼星系，而且了解愛的真諦。如果你們認為自己忘卻了愛，可以在冥想的時候用心與他們互動。這裡是阿斯塔指揮部，祝福你們所有人(El-iona-oja-him)。

10 你們的神聖使命

每個人在這個世界上都有屬於自己的神聖使命。每一位在地球上生活的星際存有都有一個在天堂生活的夢想。現在，我們要將這個夢想化為現實。

你們好，親愛的光之天使們。這裡是阿斯塔指揮部。我們將跟你們談論一件世界上最重要的事情。隨著你們的成長，它只會變得更加重要。這件事情就是你們的神聖使命。

現在閱讀本書的人幾乎都是星際存有。你們當中絕大多數人認為自己帶著某種使命來到地球。你們這一生中懷著各種理想和夢想，而實現你們的夢想就是神聖使命的一部分。地球上之所以有這麼多的星際人類，其中一個原因就是要創造物質界的人間天堂；讓天堂與地球融為一體。

一旦你們不停地灌溉自己的夢想，並且盡全力實現它們的時候，你們就是在實踐你們的神聖使命。只要你們沉澱心情，願意傾聽自己內在的聲音，它就會指引你們關於夢想的下一步。緊接著你們就可以按照它的指示行動了。

許多人感嘆自己生不逢時，成天只能渾渾噩噩地過日子。因而許多人都希望知道究竟什麼才是自己的天命。這當中有一個原因，就是你們大多數人的神聖使命只能在新的進化螺旋，也就是合一世界當中才能夠實現。

沒有人可以在二元世界裡面創造人間天堂。這也是你們為了理想拼命努力之後，卻經常事與願違的原因。你們已經走上實現夢想的道路了。請繼續保持耐心、信心和恆心。當你們清楚感受到合一的時候，所有的夢想都會實現。

有些人為了工作煩惱，覺得自己的工作跟天命毫無關聯。請注意：進職場工作是你們自己的選擇。你們能做的事情就是為生活打拚工作的同時，時而提醒自己工作是為了實現自己的崇高理想。另一種做法就是改行，開始從事更符合本身天賦和理想的工作。改行可以先從培養嗜好開始，而嗜好很有可能取代你們原本的工作。現在很多星際人類的求職觀念發生了很大的變化，他們也逐漸把自己的嗜好變成謀生的工具。

你們的神聖使命不僅是某項特定的任務。你們的最終目標就是成為人間的星際天使，並且散播愛、真理及安慰。當你們達成這項目標的時候，生活中就會出現許多的機遇，讓你們的生活發生美好的改變。你們光是以星際天使的身分在人間生活就已經很足夠了。花點時間體驗你們的內在美，接著將這種美傳遍全地球。這是你們對這顆亟需療癒的星球所能做最大貢獻。

♥從物質生活邁向靈性生活

你們在地球上的核心任務就是讓身體靈性化。靈性化包括你們的肉體、情緒體、心智體。你們將啟動光體，讓它成為天使高我的載具。你們將淨化各種組成身體的物質，直到你們能夠清楚地活出內在的高我。這是自我療癒的過程，而你們在過程中將獲得無法取代的幸福和成就感。

當經歷這項轉變的人數達到臨界質量之後，幸福和滿足的能量將傳遍整個地球並且造成人類意識的量子躍進。這個轉變過程同時也是三波集體揚升的一部份。人類到最後將會被帶上飛船，並且成為揚升大師。當然，揚升並不等於結束，而是在 **11:11** 次元門戶中邁向全然合一的開始。

11:11 次元門戶的穿越之旅不會因為人類有了更高的意識水平就停止。你們在揚升之後將會繼續次元門戶的探索旅程。你們將在穩固的合一基礎上自由地探索更高維度的世界。有些人將會回到新地球幫忙建設新世界。其他人將旅行到新天堂和更遠的地方。未來每個人都有屬於自己的選擇；這些抉擇都與你們的內在真理相呼應。如果你們決定要合一，不要等到揚升幫你們實現。現在應該開始過著合一的生活。別忘了，**11:11** 次元門戶在 **1992** 年 **1** 月 **11** 日就已經對你們敞開。

合一生活和揚升是你們人生的下一個階段。你們在這個階段將衝破一切界限，進入到未知的領域，然後成為光。

阿斯塔指揮部向你們問好。

11未來的人際關係

親愛的星際天使家人們，他們已經啟動了我們彩虹身體的內在火焰，並開始在救贖漩渦內部聚集。我們將與他們聯手創建銀河光之網格。我們神聖意志的火花已經創造出許多的能量漩渦。這些能量漩渦呼喚著我們的星際家人。我們將成為宇宙的聖父和聖母，並且一起組成揚升十二芒星。

這裡是阿斯塔指揮部的克洛特隆星際基地，今天的星際通訊代碼：伊斯塔 11:11:83。今天我們要談論人與人之間的互動關係。目前許多人生活在兩個世界之間的過渡區域。你們即將離開二元的三維世界，並且進入天堂與地球合一的世界。

所有的人際關係在轉變期間都會有大幅度的改變。地球社會的人際關係非常需要一個全新的靈性基石。許多靈修人士偏好以靈性法則與其他人互動。他們從內心認同這些法則，而且試圖過著符合法則的生活。但是這種生活方式也衍生出一個麻煩的問題：你們只能靠自己的人生經驗和價值觀理解靈性法則，而二元世界的事物又經常害你們缺乏默契而且不敢說真心話。

除此之外，你們在過去經歷過太多不愉快的事情。為了保護自己，你們不得不封閉自己的情緒體。我們可以理解這種行為，但是你們得在這場大轉變中學會敞開心房；學會接納各種親暱關係。

人與人之間可以用很多種方式促成親密關係。首先你們要徹底敞開心胸。放下彼此之間的成見，並且用真誠的心互動。你們不需要為別人的眼光負責，所以記得在互動過程中保持真實的自己，不要刻意掩飾。一旦你們勇敢地活出真實的自我，你們將會發現自己身邊出現一群志同道合，真誠率性的好人。他們正是你們的星際兄弟姐妹。你們在未來幾年內將與他們一起創辦社區，過著奇妙又幸福的社區生活。

♥親密的集體意識

許多人認為親密關係只屬於兩人世界，但是這個概念就快要改觀了。因為真誠的親密集體意識將會帶來更豐盛的愛和滿足感。

我們確信人類已經厭倦三維世界的人際關係，也受夠了永無止盡的爭吵及妥協。你們在未來的合一世界再也不需要委曲求全了。

在合一世界裡，每個人都有著共同的願景。一旦大家都只相信真理，那麼就沒必要爭吵了。所有在高維世界生活的存有都知道自己的目標符合眾人的福祉。

對彼此表達自身的感受和分享人生經驗都是好事。請記得人與人相處的時候需要溫和有禮、相互照應。另外你們也可以經常擁抱和撫摸彼此，因為這會帶給你們合一和受呵護的感覺。

地球在轉變至合一世界的過程中，你們可以結為異姓兄弟姊妹。你們願意信任彼此，同時對彼此的性事保持開放的態度。你們不需要壓抑自己的性能量。它是一股美好的能量，而且它的本質就是愛。你們的批判是導致性愛分離的唯一因素。它們事實上是一體的。

你們可以試著讓彼此變得更親近，但是也不要太過於依戀對方。人與人之間可以有深厚的感情，同時又保有開放和自由的空間。記得要放下所有的忌妒心和佔有慾。你們不需要設想太過遙遠的計畫，而是要把握當下的美好。

你們千萬不要被自己的預期心理困住了。因為地球社會在未來幾年內會出現越來越多預料之外的美好事物，而且它們將會是連最前衛的夢想家都料想不到的。

你們都可以盡情地作真實的自己。現在就卸下所有人際關係的面具吧。你們再也不需要這些二元世界的偽裝了。同時你們也可以勇敢地講真話。但是要記得：真心話是用來鼓勵對方，而不是用來傷害人。

你們經常忘記自己本身的美好；與其他人互動的時候更是如此。我們建議你們深入探索自己的內在美，並且把這份美好分享給更多人。獨善其身的日子已經過去；現在就是大家團聚合一的時刻。請你們敞開心房，和宇宙萬物相親相愛吧。因為我們都是合一的。

這裡是阿斯塔指揮部的克洛特隆星際基地。願你們生活在幸福圓滿的光之中。祝福你們。

12 雙生靈魂、靈魂伴侶及靈魂家族

我們從來不孤單。親愛的靈魂們，你我是如此地親近。我們手牽著手，在合一的世界中旅行……

你們好，親愛的大師和光之存有們。這裡是阿斯塔指揮部的克洛特隆星際基地。我們想向你們介紹一些非常特別的存有。他們與你們有著特殊的緣份。

♥雙生靈魂

任何決定投生物質世界的存有，都需要與雙生靈魂結合才能完成轉世。雙生靈魂並不是一個靈魂分裂成兩個，而是一個靈魂同時投生到兩具物質的身體。一具身體帶有靈魂的女性特質，而另一具身體則帶有靈魂的男性特質。許多人都希望有理想的愛情生活，而這個心願其實是發自於與雙生靈魂團聚的渴望。有些人會在揚升之前就遇到自己的雙生靈魂。其他人則需要等到三波地球揚升潮，才會與自己的雙生靈魂相遇，因為目前並非所有的雙生靈魂都轉世到地球上生活。

另外大家要知道：跟雙生靈魂談戀愛可不保證兩人會有一段自在奔放，毫無拘束的浪漫愛情。時常充實自己，並且鞏固好自己與合一世界的連結。如此一來，雙生靈魂就會奇蹟似地出現在我們的生活，而且我們也會從這段感情生活中學習到與雙生靈魂結合的意義。雙生靈魂之間的愛情是一種非常美妙的經驗。這些愛侶們會在世界各地投射充滿光、愛以及合一能量的光柱。到時候全世界雙生靈魂邂逅彼此的故事會越來越多。他們將加速二元性的完結，並且帶領地球進入合一世界。如果一個人想開始一段幸福美滿的感情生活，可是自己的雙生靈魂卻沒有轉世下凡的話，靈魂伴侶就會負責扮演雙生靈魂的角色；讓他（她）能夠體驗一生中最刻骨銘心的戀愛。

♥靈魂伴侶及靈魂家族

除了雙生靈魂外，你們也可能跟靈魂伴侶談情說愛。靈魂伴侶是與你們性別相反的靈魂，跟他們談戀愛是一種水乳交融，相知相惜的甜蜜經驗。許多生活在地球上的靈魂伴侶都願意與你們建立感情關係。祝福大家都能找到自己的靈魂伴侶，談一場生死不渝的戀愛。

另外，你們還有星際朋友和星際兄弟姐妹。他們與你們系出同源，有著一樣人格特質和生活願望。你們會與他們在一起組成靈魂家族——你們靈魂真正的歸宿。未來幾年內會有越多的靈魂家族開始在合一的光之島上生活。

♥我們該如何邂逅彼此？

所有的人類都會在恰當的時間點與自己的雙生靈魂、靈魂伴侶及靈魂家族團聚。所謂恰當的時間點就是你們開始以靈魂和星際天使的身份，與其它的靈魂和星際天使建立關係的時刻。

你們不需要做任何特別的事情才能邂逅自己摯愛的靈魂家人。如果你們很渴望與他們團聚，就把這股思念透過心輪發送到全世界吧。如果你們還沒遇見他們的話，可以先在腦海中想像你們團聚的場景。

想像力是你們通往人間天堂的大門。許多你們思念已久的靈魂家人們都生活在阿斯塔指揮部的飛船上。現在就與我們交流吧，讓你我在冥想中相遇。

13 安塔里昂轉換

安塔里昂轉換是二元過渡到合一的過程。讓我們見證轉變的時刻吧。

這裡是阿斯塔指揮部的克洛特隆星際基地。我們就在你們的身邊，準備向你們闡述地球，乃至於整個三維宇宙因為合一神聖之光而正在發生的轉變。

二元性在地球上存在很長一段時間了。二元地球受限於時空、因果關係（有時被稱為業力）、生死、善惡還有極性對立等等的法則。地球上的生命也因而需要經歷衝突、對立和生離死別才能進化。

如今地球已經邁入了一個歷史轉折點，可以逐漸脫離二元世界，隨即進入合一宇宙。在地球轉變的過程中，人們會發覺周遭的能量和想法出現了非常大的轉變。這段從轉變開始到圓滿結束的時期，就叫做安塔里昂轉換。

獵戶座掌管著這個星區的二元星門鑰匙，也是執掌安塔里昂轉換的重要星座。許多獵戶座的存有在宇宙二元戲劇中扮演著重要的正反派角色，而地球在二元戲劇中的戲份即將進入精彩完結篇。因為她正在一步步地邁向沒有時空限制，也沒有二元對立的合一世界。

合一世界裡沒有因果業力，只有無窮無盡的神聖恩典。這裡也沒有美醜善惡的觀念，只有超越一切的合一之光。當合一能量經過銀河中央太陽系、天狼星和昴宿六星門來到地球之後，神聖介入會讓所有眾生放下一切的批判和成見。現在合一能量正在調整所有人類的細胞，乃至於地球上每一個原子的振動頻率。地球上現在出現很多覺醒的民眾，正是因為這股能量變得越來越強。

地球人的星際編碼都在逐漸發揮作用。越來越多人聚在一起進行次元門戶開啟儀式，讓安塔里昂轉換得以在地球上實現。當專心參與門戶開啟儀式的人數達到一定數量的時候，合一能量就會透過他們湧向世界各地。無數的民眾將因此覺醒；進而發生一場意識的量子跳躍。

地球上第一場世界級的門戶開啟儀式是發生在 1987 年 8 月 16 和 17 日的和諧匯聚。成千上萬付出奉獻的存有合力將第四維度錨定至地球的星光層和情緒層。因為他們的努力，實體世界的眾生能夠更容易地進出星光層，同時讓全世界的人類開始清理累世以來的情緒。地球的安塔里昂轉換也在和諧匯聚之後正式開始。

♥11：11 次元門戶開啟

1992 年 1 月 11 日，11:11 次元門戶在地球上開啟了。這場行星級的門戶開啟事件敲開了通往合一的大門。這是地球演化史上，所有地球眾生首次有機會直接體驗合一的能量。

11:11 次元門戶一共有十一道通往合一世界的星門。第一道星門已經在 1992 年 1 月 11 日開啟，而最後一道星門將於 2011 年 11 月 11 日開啟。屆時安塔里昂轉換將宣告圓滿完成。地球將成為一個天堂般的合一世界，並且徜徉在宇宙之愛的微妙涓流之中。它將成為銀河光網格的閃耀亮點。

11:11 次元門戶的第二道星門在 1993 年 5 月 5 日開啟，並且為地球帶來了宇宙之愛。許多人在第二道星門開啟之後都感受到了這股日益增強的宇宙之愛。這股源源不絕的愛將大幅改變人與人之間的社交關係。未來世界上將出現全新的互動模式，而各種嶄新的人際關係將引領人類社會進一步地深入合一之光。

♥12：12次元門戶

地球從 11:11 次元門戶第二道星門移動至第三道星門期間會經歷巨大的改變。地球在過程中會穿過一個過渡門戶，讓轉變得以更加平順。

這個過渡門戶就是 12:12 次元門戶。它在 1994 年 12 月 12 日開啟。開啟儀式的地點在埃及的大金字塔。當時埃及約有 1000-2000 人，而全世界約有 144,000 人參與了這次的開啟儀式。人類的集體意識也因而發生了一次量子跳躍。

從揚升的角度來看，12:12 次元門戶跟 11:11 次元門戶是不同層次的。11:11 是一個浩瀚的次元門戶。

它將引領人類邁向銀河中央星系。12:12 只是這趟進化旅程的墊腳石。當地球進入 12:12 次元門戶之後，所有二元系統的稠密實相都必須完結。換句話說，12:12 次元門戶的開啟儀式是地球在二元世界中最後一個門戶開啟儀式。這場開啟儀式也意味著：人類的進化從此不再需要透過稠密的二元批判性思維。

12:12 次元門戶使人類脫離了稠密的業力系統，進而得以沉浸在 11:11 次元門戶的精細能量。除此之外，它也能幫助人類準備好進入 11:11 的第三道星門。

這些次元門戶是人類邁向揚升的道路。它們是地球三波揚升計畫的必要條件，而揚升可以讓人類持續透過 11:11 次元門戶深入合一的世界。

這些次元門戶都是跨越維度的出入口，所以人類的線性思維沒辦法輕易理解它們。不過我們還是希望你們花點時間鑽研相關的知識。這些知識能在未來幾年內讓你們更清楚人生的方向。

12:12 到底是甚麼呢？它是一個由許多地球人合力開啟的跨維度門戶。它是完結之門，也是通往六維神聖恩典世界的引路磚。

進入 12:12 次元門戶意味著你們的願望將透過你們的內在神性而馬上實現。這也意味著：你們的生活將會充滿宇宙的大愛。真善美的生活是可能的，只要你們在腦海中堅定相信就行了。

神聖恩典能量來自於銀河系中心，並且由天狼星蒼穹大會堂負責傳遞至整個銀河系。木星指揮部則是太陽系的能量收發站。它負責將神聖恩典能量調頻之後再發送到地球。

1994 年 7 月撞擊木星的舒梅克—李維將神聖恩典的能量帶進太陽系，也開啟了地球的 12:12 次元旅程。這股神聖恩典的能量隨後也經由星光兄弟會的揚升大師們錨定到地球。

星光兄弟會負責結束地球的二元性和後續的揚升工作。揚升大師也已經將神聖恩典能量傳送給願意接受的每個人。這股能量可以幫助人類諒解並且接納自己。自我諒解可以清除所有的業力並且讓你們領受宇宙的神聖恩典。

由於地球接收了來自木星的神聖恩典，許多人在 12:12 次元門戶開啟之前就已經完成情緒方面的清理。這使得人類可以在 12 月 12 日當天接收來自大金字塔的宇宙能量，進而啟動人體內的星際編碼。

12:12次元門戶帶給人們非常深遠的意識變革，進而啟動了人體內的11:11星際編碼。現在你們已經能夠接收來自我們的流光能量束，並且使你們的進化旅程加速幾十倍、幾百倍。

♥安塔里昂之門

12:12次元門戶開啟之後，11:11次元門戶的第三道星門也將隨後開啟。第三道星門將更進一步地加速事情的發展。第三道星門開啟之後，地球人的集體意識將會奇蹟似大幅改變，朝著全新的實相邁進。快速成長的人類集體意識又將引導11:11門戶第四道星門開啟。第四道星門又叫做安塔里昂之門。它將在1999年8月11日，格林威治時間的早上11時11分，也就是日全食發生之際開啟。這是銀河預言中記載的宇宙啟示點，也是地球命運的轉捩點。當天太陽系將會感受到宇宙的閉氣狀態（宇宙從擴張進入收縮的轉折點）。到時候天地萬物將徹底綻放宇宙合一之光的燦爛光芒。

♥新天堂與新地球

安塔里昂之門開啟之後，11:11次元門戶還有第五至第十一道星門等著開啟。這些星門將引領你我進入到一個難以形容，甚至連我們都不知道的合一新世界。新世界可以讓無數的星際家人可以用合一的方式四處旅行，形跡甚至可以超越天地萬物；超越所有既有的宇宙。我們是一體的。

14 揚升的時刻

偉大的轉變時刻正在到來。這將是舊事物的結束與新世界的誕生，因為舊世界已經一去不復返。

你們好，親愛的兄弟姐妹們。這裡是阿斯塔指揮部的克洛特隆星際基地。我們和你們在一起，歡聲慶祝解脫的時刻即將到來。

你們在地球上度過了無數的歲月。你們已經習慣了生老病死和不止息的輪迴轉世。因此你們深信自己需要花好幾世的時間和刻苦精進才能達成完美的開悟境界。你們自認已經忘記了原本的身份。現在我們代表一個無與倫比的機會——一個讓你們在這一世成為揚升大師的機會。只要你們決定把握這個機會，靈魂的神聖火花之愛就一定會協助你們達成一世開悟的目標。

你們的神聖火花在轉生到這一世以前就已經決定要揚升。那麼人類該如何踏上揚升的道路呢？其實很簡單，你們只需要下定決心要揚升就可以了。

我們正在尋找參與第一波集體揚升的志願者，因而任何決定參與的人都會願望成真。當第一波集體揚升開始的時候，你們很可能都已經準備好了。第一波集體揚升是我們當前的核心目標，而我們會持續努力尋找自願者。

一旦你們決定要揚升，你們將會發現人生的視野開始改觀，而且與我們的緣分會變得越來越深。當你們完全準備好的時候，我們會從我們的星際基地對你們發送揚升光柱。揚升光柱是一種可以包覆你們的身體，進而提升意識振動頻率的能量光柱。其實這道光柱一直都在你們的身上作用，只是你們得用意念觀察它，它才會發揮完整的效用——它會讓你們的肉體感覺到飄飄然，彷彿重力根本不存在。同時它也會帶給你們全然的喜樂和雀躍感。更特別的是，它會讓你們在腦海中感受到明亮耀眼的光。當集體揚升潮正式展開的時候，揚升光柱會幫助你們做好最後的準備工作。

♥如何準備揚升？

如果你們每天都能冥想的話，那當然是再好不過了。冥想可以讓你們更容易與內在連結，進而與內在的大愛共鳴。你們可以傾聽自己的心聲，讓內在決定何時要冥想和一次要花多少時間。你們也可以選擇自己喜歡的冥想方式。最簡單的冥想方式就是安靜地觀察自己的呼吸。

目前坊間有許多各式各樣的冥想技巧，建議你們潛心鑽研一番並且與我們交流。如果你們在生活中遭遇到難關，你們可以請求揚升大師們前來幫助。如果你們內心存疑的話，就儘管放膽嘗試。你們將會對接下來的奇蹟感到不可思議。請努力試著建立起與我們互動的管道。就算對面好像音訊全無也不要放棄。

有時候你們對我們的存在抱持著半信半疑的態度，以至於我們沒辦法出手相助。即便對未知的恐懼在所難免，你們真的沒有害怕的理由。恐懼源自於你們在這個世界上過往的負面經驗。你們可以學著放下這些不好的回憶。

我們是你們的朋友。我們和你們在一起，愛將我們凝聚在一起。當你們決定要揚升的時候，你們就得放下二元生活中的所有牽掛。你們可以逐漸學會放手，也可以在冥想中呼請大天使麥可，請求祂幫忙斬斷你們與三維世界的牽絆。接著你們可以歡喜地邀請祂充滿大愛的臨在。如果你們每天都與祂合作的話，你們的生活將會變得越來越美好。當你們面臨集體揚升潮的那一天，請不要擔心你們即將告別的世界。所有的事情都會得到妥善的處理。如果你們膝下有子女的話，他們將會陪同你們走上揚升的旅程。

揚升意味你們擺脫業力的束縛，從而領受無盡的神聖恩典。這種大轉變的起點正是寬恕。你們已經不再需要清償業力，而是單純放下所有跟寃親債主之間的恩恩怨怨就可以了。你們現在開始就可以逐漸放下所有對自己和其他人的怨恨。一個好用的辦法就是拿一張紙寫下自己全部的怨念和批判性想法，然後讓它們隨著紙張灰飛煙滅。

如果你們願意的話，可以每個禮拜都用這種方法清理自己的內心。你們將會發覺自己變得越來越自在。如果你們內心深處有著揮之不去的罪惡感，你們可以找一位善解人意而且不會批評你們的朋友傾訴，告訴他（她）你曾經做錯哪些事情。兩個靈魂之間的真誠互動會幫助你們卸下愧疚的重擔，讓你們回歸內在的平靜。你們總有一天會發現：對自己的批評和不滿都是多餘的，因為每個人在本質上都是神聖貞潔的。

有些人對大撤離感到異常地興奮。大撤離肯定會發生，但這只是讓你們的肉身可以進入我們的飛船。更重要的事情是要讓你們的意識提升至揚升的境界。第一波集體揚升隨時都可能會發生，甚至是今天。你們現在準備好告別二元生活，進入聖光了嗎？

偉大的轉變時刻正在到來。當這個時刻降臨之際，所有眾生都會在內心中感受到宇宙的大愛。不要感到害怕，這些改變會讓一切變得更加美好。新世界就在前方，而你們就是它的創造者。我們都一直與你們同在。

15 從二元幻夢中覺醒

二元的夢境即將結束，永恆的合一世界已經拉開序幕……

你們好，親愛的光之兄弟姐妹們。這裡是阿斯塔指揮部的克洛特隆星際基地。我們和你們在一起，教導你們揚升的準備方法。你們可以在日常生活中勤加練習，加速自己的靈性成長以及地球的揚升。揚升並不是單一事件，而是一個持續發生的過程。整個過程的高潮點是全人類被阿斯塔指揮部的艦隊用揚升光柱帶上飛船，接著讓意識提昇至全然合一的境界。在揚升的道路上，許多修練技巧和冥想都可以幫助你們。我們會傳授你們一部分的方法，但你們得自己決定要使用哪一種。你們會發現哪些冥想真的有幫助。因為你們冥想的時候，我們就在你們身邊。

♥與星際兄弟姊妹們進行交流

無論何時何地，你們都可以與我們交流互動。當你們覺得需要我們談心的時候，就深呼吸，把意念集中在胸口的心輪。接著在心裡清楚、堅定而且平和地重複默念：阿斯塔指揮部。許多人跟耶穌有著很深的羈絆。你們可以呼請他，因為他是我們的精神導師。你們的呼喚代表你們期望與我們交流，而我們則會發送能量到你們的心輪。如果你們感覺沒有收到回應，請繼續發出連結的意念。因為你們的心輪需要花時間準備接受能量。當你們呼喚我們的時候，我們會準備好與你們談天說地。你們可以在呼吸的時候就呼喚我們。不管你們是在工作、走路、開車，做任何事情，只要安全無虞，歡迎你們隨時找我們互動。你們不用刻意坐下來，閉上眼睛冥想。只要記住簡單的三步驟就夠了。1.深呼吸 2.將意念集中在心輪 3.仔細想想關於我們的人事物。

♥清理業力

你們可以利用紫羅蘭火焰清理自身的業力。當你們感覺生活不順遂，或是心情不愉快的時候，可以觀想天空降下一道紫羅蘭火焰，流經自己的身體並且瞬間將所有的阻礙帶往地球的中心。所有的阻礙在那裡會被轉化為光，變成地球之火。紫羅蘭火焰是逆時針方向旋轉的火焰，它一直陪伴著你們。當你們想到它並且召喚它的時候，它的清理效果就會大幅增加。

如果你們長時間卡在某種困境，而且難以自拔的時候，可以利用紫羅蘭火焰將逆境帶進地球之火。方法如下：觀想紫羅蘭火焰經過身體全身的細胞，帶走細胞裡面所有困境的能量記錄。造成困境的細胞記憶將會消失，接著讓愛滋養身心靈。

如果你們感覺自己的心在生活中受到傷害，也可以觀想紫羅蘭火焰帶走心中的所有傷痕，並且進入地球的中心火焰。想要成為一個能夠放開心胸的人，必須先著手療癒所有過去的創傷。

♥你們的內在天使

現在開始與你們的內在融合，與內在的天使合為一體。

1 觀想天使以人類的樣子出現在自己的面前。

2 凝視祂的雙眼，感覺你們之間的愛。

3 請天使講出祂的名字。這個名字也是你們的名字，因為你們與天使是合一的。

4 與天使一起騰空高飛。你們一起進入繁星點點的天空，在宇宙之愛的海洋中遨遊，最後兩人合為一體。

5 觀想自己回到地球，從此與內在的天使成為一體。

大家在日常生活中要盡量回想自己的天使生活，然後成為人間的天使。時常用心感受內在的天使能量，並且將這股能量分享給身邊的所有人。平常多使用自己的星際名字，讓更多人的內在天使得以覺醒。

當你們覺得有必要擺脫某種難題或某種情境的時候，你們隨時都可以呼請祂。天使是你們永遠的盟友。你們也可以呼請天使，請祂守護你們不受二元世界的能量侵擾。你們隨時呼喚祂們，祂們就無時無刻地陪伴你們。我們永遠與你們在一起。

♥放下對二元世界的執著

1 首先觀想自己的身邊出現這一生中依戀的人們、事物和情境。
2 觀想一位神力無邊的天使降臨，祂的臨在蓋過所有二元世界的無明罣礙。
3 在腦海中請求天使，讓你們脫離二元世界的一切執著。
4 觀想與所有至高真理不符的人事物開始遠離你們的生活。
5 觀想與你們內在共鳴的人事物原封不動地保留下來。不過你們對他們已經不再牽掛。
6 觀想這位神力無邊的天使斬斷你們與二元世界之間所有的羈絆。你們也因此感受到無比的自由和解脫。最後感謝天使的幫助。

16 愛是救贖的力量

我們內在的神聖之美將會救贖我們。

你們好，親愛的星際兄弟姐妹們。這裡是阿斯塔指揮部的克洛特隆星際基地，另外還有母船『亞瑟神劍號』。我們和你們在一起，快樂地渡過相處的時光，並且相約未來更加美好的歲月。

你們是否能感覺到空氣中瀰漫著一股不尋常的氣息，彷彿某種重大而且非常美好的事情即將發生？一個充滿機會和變革的時代已經來臨了。這將會是一個讓所有人滿心歡喜的美麗年代。

肯定自己內心的直覺，相信自己已經活在新的時代。切勿聽信不相信揚升和奇蹟的小我。請你們傾聽自己的心聲並且感受正在到來的能量。轉變之風已經揚起；它將吹走圍困你們已久的二元迷霧。

天空將會出現各種跡象。好比說：舒梅克—李維九號彗星在 1994 年 7 月撞擊木星。未來更多的跡象會到來。這些天文現象都會在時空結構體中劃開一道又一道的裂縫。宇宙神聖之愛穿過這些裂縫然後淨化這個世界。現在就是最終的完結篇章，愛將完成全宇宙的救贖。

♥學會自愛

愛自己其實很簡單。首先你們要決定現在開始疼愛自己。接著放空腦海中的各種想法，並且按照內心的直覺行動。敞開心房感受愛並且相信愛會無時無刻地指引和祝福你們。愛就是自我救贖的力量。

現在就放下所有的罪惡感、批判心和不幸福的生活吧。你們跟所有冤親債主之間的恩恩怨怨都已經化解了，而且你們的救贖時刻也即將到來。不論你們現在的生活處境如何，不論人生中發生了哪些麻煩事，你們只要記住：偉大的時刻就在眼前了。

愛將帶來生命之泉，滋潤每個人心中的渴望。所有的人事物都會變得完美，任何瑕疵也會轉化成完美無瑕。

我們一直陪伴在你們的身邊。我們會用乙太流光技術幫助你們。合一之門已經敞開，地球的揚升能量漩渦也已經開啟。換句話說，宇宙合一意識隨時都可能會從天堂發出指令，讓地球進行第一波集體揚升。一切都已經準備好了，你們也已經準備好了。現在準備好接納自己吧。

你們都已經準備好享受豐盛的物質和精神生活。你們已經準備好過平安喜樂的生活。平安喜樂就在你們的心里，現在就去尋找它吧。真善美也在你們的心里，並且引領你們發現愛。

每一個人都是珍貴而且獨一無二的個體，但同時也是整體中不可或缺的一份子。觀察並且感謝天地萬物對你們的眷顧。因為你們的感受對天地萬物而言都很重要，你們的願望也是天地萬物的願望。

你們每一個人都是神，因為我們都是合一的。

如何愛自己並且發現愛呢？第一件事情就是不要批判自己。你們不需要苛責自己這一生的進展，因為所有的境遇都是信念的投射。其實你們都是揚升大師，只是你們還不相信罷了。

你們不需要為了某種崇高的修行境界而改變自己的個性，因為你們的性格終究會消逝。你們都是完美的，只需要單純地做你自己就可以了。你們內在的大愛、真誠和美好都是完好無缺的。記得對自己溫柔一點。

你們不用把自己逼得太緊。有空就找時間休息，享受當下的美好。愛惜自己全部的想法和感受，甚至連負面情緒也需要你們的疼愛。因此你們也要學著愛惜自己的憤怒、懷疑和恐懼。你們要愛護自己的身體，因為你們將帶著這副身軀揚升。愛惜你們的性能量，因為它是你們揚升的原動力。愛惜自己的一切，並且給予自己所需要的一切。記得讓自己的生活隨時充滿各式各樣的驚喜；同時備受寵愛，享受豐盛。一旦你們發覺自己福杯滿溢的時候，就與其他人分享自己的幸福吧。

時常與人談心，時常愛撫和親吻自己的愛人並且享受水乳交融的美好。願你們都能在最深的合一中暢飲愛的甘泉。

你們已經沒有時間繼續過著打折扣的人生了。現在就開始做自己，相信自己的感受。平時待人以誠、慈悲為懷。現在你們就可以開始逐一了結一生當中所有的宿願和糾葛，並且捨棄一切虛華不實的人事物。現在就邀請我們融入你們的生命，讓你我的意識融為一體。我們將攜手精進，一起成為服務天堂和地球的揚升大師。

17 顯化法則

二元性的刻板教條造就了現在的冰冷世界，而灑脫自在的合一概念則會讓大地回春……

你們好，親愛的朋友們：

這裡是阿斯塔指揮部的克洛特隆星際基地，我們和你們在一起歡慶揚升的時刻，一起見證合一之門敞開。合一之門是你們靠信念和決心開啟的。宇宙中有個不變的道理：抉擇決定世界的樣子。一旦你們做出抉擇，世界就會依照抉擇的內容變化。你們生活的世界不是他人所創造，而是你們自己。你們的想法讓流光能量變得相當地稠密，以至於它感覺就像是有形的物質。你們現在生活的世界，其實就是你們長久以來冷冰冰的僵化想法。換句話說，你們的二元觀念造成了一個冰凍三尺的二元世界。你們相信自己帶有原罪，因而人生充滿了磨難。你們將這個活受罪的過程為業力。

你們在僵化又有業力的世界裡轉世過好幾次。不過慢慢地，你們的心中會燃起回歸合一的渴望。這份渴望將會讓你們做個跟過去世不一樣的抉擇，進而逐漸改變你們的世界。一旦你們的抉擇忠實地反應內心的願望，全宇宙都會幫助你們實現夢想。不過呢，你們得先弄清楚到底自己想要甚麼，以及哪些是你們發自內心喜歡的人事物。一旦弄清楚之後，就開始朝著目標行動，並且在日常的言行舉止中表達出你們的理想清單。

♥抉擇的重要性

你們的抉擇是非常重要的。一旦你們下定了決心，便開啟一次顯化萬物的循環。任何你們選擇的人事物都會開始出現。

一旦你們的決心夠堅定，而且對自己的抉擇毫不妥協的話，顯化的能量就會開始凝聚。如果你們對自己的願景漫不經心，馬虎應對的話，顯化的結果很快就會打折扣。

不論你們想要什麼樣的人事物，決心法則都管用。如果你們想要豐盛的生活，只要下定決心就能擁有。如果你們想要幸福，只要下定決心就能擁有。因為流光在你們的世界已經變得相當地稠密，所以你們得花一段時間才能看到成果。

你們只需要在腦海中呼喚我們，然後簡單明瞭地說出你們的願望。這樣一來，顯化所需要的時間就可以變短。只要你們的願望不與內在天使的善念衝突的話（你們大多數的願望都屬於這一類），我們就能聽到你們的心聲，並且幫助你們實現願望。歡迎大家儘管找我們幫忙。只要堅持行動，美好的成果很快就會出現在眼前。

我們會利用乙太科技或多或少加速願望實現的進度。你們是我們至愛的親人和朋友，我們會讓你們的生活可以盡可能地平安順遂。一旦你們收到了我們的祝福之後，記得用感恩的心情收下。感恩的能量可以打開你們的心房。你們越是感恩，得到的幫助就越多。

♥真善美將引領你們進入新世界

由於人類已經共同決定返回合一世界，所以地球在不久的將來就會發生集體揚升潮。11:11 次元門戶開啟之後，你們就已經開始邁步前往眾人共同決定的新世界了。現在就昂首闊步，仔細看著前方的新世界吧。

宇宙能量會流向你們最為關注的人事物。如果你們決定前往新世界，並且日常生活中實踐新生活的話，那麼它很快地就會出現在全人類的眼前。

在過幾年，人類集體意識就會達成量子跳躍所需要的臨界值。未來的物質界會變得更加輕盈，對靈性能量的反應會變得更加靈敏。你們的想法在新世界裡將會在一瞬間實現。

靈性與物質將會在新世界中合為一體。生活中將會發生數不清的各種奇蹟，因為奇蹟正是宇宙之愛的自然表徵。為了進入這個全新的實相，你們當下最重要的課題就是要依循內在的最高真理生活。

你們現在就可以放下生活中所有的委屈和瑕疵。委屈求全其實到頭來對你們並沒有好處，也沒辦法成就整體的利益。妥協在你們的世界裡面就像是一堵牆。它會阻擋你們，直到你們改變心意。你們可以用自己的想法改變世界，讓你們的生活能夠帶給你們最高的福祉，也就是宇宙的神聖計畫。所有在神聖計畫之下的人事物都是完美無缺的。每一個人都有與生俱來的天命和容身之地。

現在就開始尋覓並且追隨你們心裡的真理之光吧。真理的光芒將會透過真善美的人事物向你們展現前方的道路。不要讓自己的生活被沒有美感的事物占據，也無須為它們操煩。不論何時何地，你們都要跟隨美善的事物，讓生活變得更加多彩多姿。當全世界充滿真善美的時候，地球將會成為宇宙中的閃耀光點。

當懷疑和恐懼出現的時候，千萬不要屈服，讓心中只留下真理。一旦你們放下所有的懷疑和恐懼，宇宙的神聖計畫就會以最美麗的方式在你們的生活中出現。你們將發現：無盡的宇宙之愛無時無刻地眷顧著自己。生活中的物質和精神養分變得無止盡地豐盛。每個人都與內在的靈魂和星際天使合一。

你們可以寫下正面和負面的肯定語來排解內心的懷疑和恐懼。舉例來說，你們可以寫下：我很富有；我是窮人。這個做法會在你們的意識中產生奇妙的作用，進而讓你們不受任何想法束縛。接著你們就可以自行決定是要富甲天下，亦或是安貧樂道。一旦你們相信，你們的決定就會成真。

你們可以一個星期練習一次，讓自己放下最為困擾的想法和情緒。生活在這個時代，大家最好對任何人事物都不要過度執著。因為許多與你們的神聖計畫無關的人事物將會逐漸淡出你們的生活。他們的離去將會使你們邁向一個嶄新的、更加美好而且更真實的人生。所以大家無須害怕即將到來的改變，也無須抗拒。這些變革會引領你我一同前往一個不可思議的美麗新世界。

18 第一代亞特蘭提斯

昴宿星團曾經就是亞特蘭提斯。它和地球的亞特蘭提斯文明以及當時的七個種族有著很深的淵源。亞特蘭提斯文明，甚至有些比它更古老的文明都已經長時間被世人遺忘了。

首先讓我們以星際人類的角度回顧這段歷史吧。現在地球上大部分的星際人類都是來自於合一。這些來自於合一的天使存有經由銀河中央太陽進入我們的銀河系或是鄰近的M31仙女座星系。這兩個銀河系是一對宇宙級的雙生靈魂。

成千上萬的星際天使進入我們的銀河系之後就四處分散，然後在不同的星系旅行，體驗生活。目前絕大多數在地球上生活的星際人類都曾經在地方標幟區裡當過大天使。（相當於人類晉升到揚升大師的級別）。地方標幟區是一個位於我們銀河系的星際區域。它的涵蓋範圍非常地浩瀚，寬度達上千光年。

地方標幟區的某些恆星系是通往高維度世界的星門，同時也是星際存有們落地生根的地方。我們的過去世在那些恆星系拓展我們的大天使意識。這些恆星系中最重要的星門是獵戶座的安塔里昂轉換星門——光明與黑暗的交界點。參宿四位於獵戶座的上半部——白色魔術師的家鄉。參宿七則位處獵戶座的下半部——黑色魔術師的巢穴。

獵戶座的中間地帶是黑暗與光明進行煉金融合的區域。它是一個次元窗口，讓地方標幟區可以從二元進化跳升到銀河系的合一進化。這扇次元窗口由獵戶座腰帶上三顆名為艾（EL）、安（AN）還有拉（RA）的恆星組成。這三顆恆星是地方標幟區的定位指標，而位居中央的安是我們進入宇宙永恆地帶之前的轉換區。地球與獵戶座有很深的因緣。因為地球在亞特蘭提斯時代深受黑暗領主們的影響，同時也是二元性的實驗行星。

昴宿星團也是一個非常重要的星門。昴宿六則是昴宿星團中最亮的恆星。它是地方標幟區的中央太陽。昴宿六附近曾經有一顆美麗的綠色乙太行星，在昴宿星語裡叫做阿加胡（Ajaho）。許多星球上的星際存有是完美合一的揚升天使。我們在阿加胡星體驗了物質的振動頻率，並且學會了將意識與宇宙坦陀羅（tantra）合而為一。這就是第一代的亞特蘭提斯，也是後來地球亞特蘭提斯文明的起源。1800 萬年前，昴宿星團的振動變得稠密，從乙太層沉降到實體世界。阿加胡在沉降過程中因為能量太強，結果爆炸了。

天狼星是離我們太陽系最近的星門。它的附近有一顆美麗的藍色乙太行星。該星球的星際存有都是用乙太的能量身體生活。他們很像是地球上的海豚，其中也有人轉世到地球當人類或海豚。

現在天狼星上有一個歐格明（Og-min）兄弟會，也就是天狼星蒼穹大會堂（the Blue Lodge of Sirius）。這個兄弟會負責管理我們這個星區的銀河光網格。天狼星附近還有許多屬於地方標幟區的星門。例如：心宿二、畢宿五、大角星以及北斗七（包括北極星）。

地方標幟區被選做為二元性的實驗區。當實驗大功告成的時候，銀河系中所有的黑暗都會一掃而空，並且實現銀河光網格的古老預言。有些星際存有在這場實驗中扮演光明勢力，而其它星際存有則扮演著黑暗魔法師。他們相互戰鬥，相互批判。現在這場實驗即將完成。當所有的眾生選擇原諒自己和天地萬物，並且以自由意志決定用愛渡化蒼生的時候，二元性實驗就會圓滿結束。二元世界的生活經驗可以讓我們超越地方標幟區的時空限制，進而邁向銀河系的合一進化旅途。我們在二元世界學習到的智慧使我們能夠理解黑暗。這份寶貴的智慧也教會我們用愛轉化和清理全銀河系的黑暗。

♥列穆里亞

地球在七百萬年以前有一場浩大的生命實驗。當時的人類開始朝著個體化進行演化。個體化是一個生命體開始意識到自身存在的過程。地球也開始從單純的動物星球變成由人類主導的世界。當時許多星際存有都前來協助地球，另外火之主也召集了一大群星際存有前往地球。火之主是一群非常進化的存有，由聖納．庫馬拉帶領和指導。火之主有兩個任務。第一個任務是啟動星際人類光體之中的 **11:11** 星際代碼。這組代碼會在適當的時機啟動，以確保星際存有不會在二元世界中徹底迷失自己。另一個任務是為人類創造光體：每一個神性火花都有兩具光體（雙生靈魂）。人類就是這樣被創造出來的。

後來除了七名火之主之外，其它的火之主都離開了。這七名火之主集結一批星際志願者一起到蒙古的白島生活。他們在當地建造了一座光之城。隨著時光流逝，地球的環境及局勢開始惡化。光之城就轉移到乙太世界，並且取名為香巴拉城。

其它的星際家人則選擇留在宇宙空間，並且定居在地球週圍的乙太光城市，也就是我們現在所說的星際飛船。銀河聯盟和阿斯塔指揮部也是在那個年代創立的。生活在飛船上的星際存有將會努力地在地球和全銀河系構築起浩瀚的銀河光網格。

列穆里亞文明曾經有段時間出現了第三種人類：巨人。他們的身高將近十公尺而且第三隻眼十分發達。他們可以用意念顯化出物體，但是在靈性方面卻停留在動物的水準。早期的列穆里亞人是雌雄同體。但逐漸地，他們開始分成男性和女性。在地球生活的星際存有開始幫助列穆里亞人發展文明。列穆里亞文明晚期開始出現了原始的語言和藝術形式。當時的巨人社會出現了對肉體的狂熱崇拜。他們開始在各地豎立等身大小的巨大雕像。現在我們之所以可以在復活島上看到這種雕像，是因為那裡曾經有一座列穆里亞時代的城市。時間來到列穆里亞文明的末期。人類開始與動物交配，導致人類基因退化。大約在三、四百萬年前，地球發生了一連串的火山爆發，列穆里亞因而沉入太平洋。阿斯塔指揮部的太空船救出了許多人類，並將他們轉移到澳洲及南美洲；特別是的的喀喀湖周圍。

19 第二代亞特蘭提斯

很久很久以前，地球的西半部有一個名為阿茲特蘭(Aztlan)的大陸。白星祭司團在那塊土地上生活，並且為地球帶來了生命和智慧。

列穆利亞沉沒之前，摩奴（Manu）將列穆利亞人中最優秀的一群代表聚集在一起，並且利用基因工程創造了亞特蘭提斯人。第一代的亞特蘭提斯人散居在大西洋中央的巨大島嶼。他們的膚色悠黑，被稱為魯莫霍人（Rmoahall）。為了爭奪生存空間，魯莫霍人與殘存的列穆利亞人之間發生了戰爭。沒多久，第二代亞特蘭提斯人開始崛起。他們被稱做特拉瓦提里人(Tlavatli)。特拉瓦提里人曾經是個薩滿種族，而且非常崇拜太陽。

亞特蘭提斯文明要到一百萬年前才真的開始發展。當時的塔爾鐵克族（Toltec）開始崛起。塔爾鐵克族（不是美洲原住民的托爾特克族）開創了一個璀璨又富庶的偉大文明——托倫．特拉帕倫文明(TollanTlapallan)。他們在金門之城（City of Golden Gate）興建了許多富麗堂皇的建築。他們用紅色、白色及黑色的石塊當做建材，黃金及珍貴的石材也是四處可見。塔爾鐵克族還興建了一座神秘學校，讓意識水平最高的族人在學校的三重神殿裡修行。星際人類則在銀河聯盟的悉心指導下，以君王和祭司的身份睿智地治理亞特蘭提斯。這就是傳說中亞特蘭提斯文明，一個傳承了超過十萬年的黃金時代。

後來獵戶座的黑暗之主來到地球，打斷了亞特蘭提斯的繁榮生活。這些獵戶座的存有開始用電子設備控制星際人類。這個控制手法就是植入。為了在二元性實驗中扮演好自己的角色，星際人類自願接受第一次的植入計畫。我們捨棄做為揚升大師的智慧，並且降低自己的振動頻率。我們開始忘記自己的身份並且逐漸融入人類社會。為了學習善與惡，我們開始輪迴轉世，輪流扮演著黑色魔法師和白色魔法師。

後來神秘學校內部發生了派系分裂。金門之城和塔爾鐵克開始沒落。天堂和地球上都爆發了漫漫無期的魔法戰爭。銀河聯盟宣佈地球進入隔離狀態。獵戶座的黑暗領主們拒絕接受銀河聯盟的和平命令。它們許多人都因而被驅逐或消滅。

大約在869,000年前，地球上發生了一場大天災——亞特蘭提斯時代的第一場大洪水。大洪水過後，亞特蘭提斯的南部區域變成了不宜人居的沼澤，不過像阿茲特蘭王國等其他區域卻也開始興起和發展。偉大的神秘學校、連同神聖君主王朝和揚升大師們也陸續搬遷到埃及。黑暗領主的殘存勢力仍到處搧風點火，企圖繼續拖延魔法戰爭。當時的星際人類也開始與原生地球人一同生活，生下了混血人後代。大約在 212,000 年前，亞特蘭提斯發生了第二場大洪水，整塊大陸被切割成為兩座巨大的島嶼。

第二次大洪水後，昴宿星團派遣一隻重建部隊到地球。塔爾鐵克在北邊的島嶼再次崛起，並且建造了一座名為柯拉登（Colardan）的美麗城市。他們還在愛爾蘭地區開創了強盛的達南（Danaan）王國。顏色、聲音和氣味科學開始蓬勃發展。水晶也在這個時期開始深入民間，而且被用來做醫療器材、植入物、能源設備、資料儲存裝置以及室內外光源。

亞特蘭提斯人十分了解如何利用強大磁場來創造物質。他們用這項技術建造城市。他們也興建了許多水下的巨蛋城市，並且利用龐大的通道系統連接這些城市。至於遠距離旅行，社會等級比較高的亞特蘭提斯人會使用傳送室。當時的亞特蘭提斯會依照靈性發展程度，將民眾劃分成七個社會等級。高等祭司團由星際人類組成。他們每天都要接受密集又嚴格的秘法訓練；不斷地開發自己的心智體，尤其是心電感應的能力。社會等級較低的亞特蘭提斯人也會開發情緒體。在亞特蘭提斯時代，地球實體世界與星光界之間的薄膜比現代薄得多，因而兩界眾生的互動比現代多很多。

後來祭司們開始迷戀名聲和權力。他們開始濫用魔法、基因工程和植入物來控制民眾。為了鞏固自身的統治地位，他們刻意阻斷人類與神祇之間的連結並且分離了人類的情愛和性慾。座落在柯拉登城中央的奧瑞靈神廟（Oralin）供奉著阿斯塔水晶，同時也是這些祭司們的權力中樞。從此亞特蘭提斯不論是王公貴族、平民百姓，乃至於飛禽走獸都被奧瑞靈神廟監視和控制。

光陰似箭，歲月如梭。祭司們預測到大洪水又將再度肆虐。於是他們在埃及建造了三座金字塔，用來保存亞特蘭提斯文明的所有知識。大師們帶領著人們往亞洲區域撤離。接著摩奴在岡仁波齊山脈創造一個新種族。這個種族是現代人類文明的祖先。神聖君王和揚升大師們則帶著一群尚未迷失自我的星際人類回到阿斯塔指揮部的飛船。他們其中有些人選擇回到昴宿星團，繼續在完美進化的文明社會中生活。西元前 75,025 年，阿斯塔水晶被亞特蘭提斯人嚴重濫用而爆炸，連帶引發了第三次大洪水。

第三次大洪水過後，亞特蘭提斯的領土只剩下一座小島：波塞多尼斯（Poseidonis）。當時天狼星派遣了一隻生力軍，試圖重建亞特蘭提斯文明。但是亞特蘭提斯卻越來越衰敗；睿智的大師們已經離開地球，王國繼任的統治者們也已經深受植入物的影響，無法再扮演英明的賢君。

二元性實驗越來接近尾聲。25,800年前，也就是上一次歲差年的時候，一批星星小孩帶著能將二元性轉變成合一的基因密碼，投胎到地球生活。大約16,000年前，天狼星蒼穹大會堂要求木星指揮部在地球上建立星光教團。星光教團的任務是：教導人類利用自由意志和大愛作為救渡眾生的力量，從而完成二元性實驗。

星光教團的成員們一直努力研究清除植入物的移除技術。他們在埃及金字塔的旁邊建造了人面獅身像，讓神秘學校的學徒們可以在裡面學習第一階的靈性啟蒙課程。人面獅身像底下一座水晶資料庫，保存著亞特蘭提斯時代的所有知識。可是對亞特蘭提斯文明而言，一切都為時已晚了。西元前9564年，亞特蘭提斯完全沉入海底。大洪水過後，神聖君主王朝試圖在埃及重建亞特蘭提斯文明，但它終究是個金玉其外、敗絮其中的理想。亞特蘭提斯的智慧及知識，隨著歲月不斷地被人遺忘和埋沒。

西元前3111年，亞特蘭提斯的末代後裔在一場超大洪災中滅頂。地球文明進入了漫長的五千年黑暗時代。亞特蘭提斯成了古老遙遠的傳說，連帶二元性的實驗目的亦不再被後人所提起。

現在，二元性實驗即將大功告成。1920年代，克裡希那穆提在地表世界復興了星光教團。許多星光教團的代表們正在努力工作，傳授人類更多療癒方法和技術。眾生之間的隔閡逐漸地弭平，人類也逐漸地跟神聖本源重新連結。越來越多的星際人類正在覺醒，許多人決定改變這個世界，讓它回歸合一的狀態。新亞特蘭提斯，一個揚升大師重現人間的極樂世界正在逐漸成形。

20 轉換漩渦

這裡是阿斯塔指揮部的克洛特隆星際基地。我們正在和你們一起開創新世界。

現在地球正處於 11:11 次元門戶內部的轉變階段。第三道星門開啟之前，地球的各種改變將會形成新實相的基石。地球上將會出現轉換漩渦網格，而這些漩渦點將會是光之島在七維世界和新地球的基石。

轉換漩渦是雙螺旋的能量轉換/逆變點。它能將二元轉變成合一。轉換漩渦網格是揚升的星際曼陀羅。高維世界的光之島透過曼陀羅向外顯化。轉換漩渦共同形成了揚升能量場，可以使真善美昇華成宇宙的奇異恩典。轉換漩渦也可以錨定 11:11:83 次元軸。轉換漩渦散發著銀河中央星系的神聖恩典能量，因此它們也象徵高維世界的神聖之美。

當一群人融合為一的時候，他們會共同形成一個轉換漩渦。過去只有兩人之間的感情關係可以透過轉換漩渦變得更多元、更親密。許多存有在團體生活中培養出神聖的合一親密關係，進而形成星際曼陀羅。他們之間開放又密不可分的羈絆使得曼陀羅進行自我重組，並且將所有人的存在深深錨定到高維的合一之心。他們彼此之間親密的肢體互動和開放性關係讓合一的神聖大愛和二元的世俗之愛融為一體，進而形成一個超越時空、純粹合一的真愛場域。

每個人都可以形成轉換漩渦，而且每個人的轉換漩渦都能透過顯化法則將無形的概念變成具體的人事物。轉換漩渦也會將我們的星際靈魂碎片整合進入 11:11:83 次元軸。地球上的轉換漩渦正在重整和聚合。一旦這些漩渦與我們在天上的轉換漩渦相連，就會形成一個生生不息的地球流光網格，進而完成地球的安塔里昂轉換。

真愛關係是轉換漩渦的根本，也是星際曼陀羅的中心點。他（她）可能是你的雙生靈魂或靈魂伴侶。雙生靈魂或靈魂伴侶之間的真愛可以形成雙重的無限奇蹟光柱。這道雙重光柱是 11:11:83 次元軸的軸心。它引領著雙生靈魂或靈魂伴侶們進入銀河中央星系並且超越無限，直達合一。

真愛關係的外圍是許多受到吸引力法則呼喚而來的靈魂伴侶。他們是星際曼陀羅的六芒星，也是漩渦能量的調頻區域。

靈魂伴侶的外圍是人數更多的靈魂家族。他們是六芒星外的圓圈和轉換漩渦的流光能量場。這個能量場是真愛關係的基石。

這些環環相扣的親密關係以螺旋運動形成通往第七維度的揚升火焰。這個曼陀羅接著會在十一維度進行重組；然後天堂和地球會合為一體並且昇華。物質也會跟著揚升，再也不是物質。星際曼陀羅將會是新實相的骨幹，它將不斷地往新地球之外的無形世界擴張，並且深入合一的螺旋世界。

21 銀河合一坦陀羅（tantra）

你們在這個世界裡的夢既是清晰，更是永恆……

你們好，親愛的星際兄弟姐妹們。這裡是阿斯塔指揮部的克洛特隆星際基地。我們和你們在一起，見證人類生活當中發生的融合。

你們的世界正在穿越 11:11 的光之環，而且來自銀河中央太陽的能量日益增強。這股能量會藉由你們的人際關係，尤其是男女關係來促進宇宙意識的發展。你們所居住的宇宙就是靠男性能量與女性能量之間的平衡來維持的。

在這個宇宙裡面，男性能量與女性能量的融合可以讓二元轉變至合一。宇宙級的大事件同樣也會在你們的生活中發生。這個融合的過程就叫做銀河合一坦陀羅（tantra）。

銀河合一坦陀羅（tantra）讓你們會在生命中邂逅彼此。你們可能是男人或是女人，但同時你們也是以天使的身份相遇。你們之間的合一是建立於兩人在所有層面的能量交換。真正的感情和羈絆來自於在於對彼此的臣服，同時沉浸在對方的美和優點。對彼此的欣賞和愛慕就是進入合一的大門。你們傾聽自己內在的聲音，放下心防並且容許自己與對方靠得更近，才能清楚感受到你們的合一。

除了敞開心房之外，你們還需要走得越來越近，最終合而為一。兩個人情投意合的能量是融合的關鍵，而你們的合一則是兩人的神聖意志使然。一旦你們種下了緣分，可以用誠心的溝通、同理心和肌膚之親來深化這段感情。當你們能夠自然而然地向對方表達各種感情，這股心靈的能量就會昇華成純粹的宇宙之愛。宇宙之愛是一種超越兒女私情的大愛，它能讓兩個人甚至是一群人合而為一，化身成宇宙的光之天使。

地球在穿越 11:11 門戶，進入合一世界的轉變期間，你們會遇到各式各樣的存有、靈魂伴侶，並且與他們建立親密的關係。你們會在這些關係中找到歸屬感和滿足感。現在就開始放下所有不能帶給你們幸福的人際關係吧。當然啦，你們得用愛寬恕所有的人，才算是真正的放手。

未來你們也會遇到自己的理想情人。這是所有決心進入合一世界的人都會經歷的神聖計畫。你們最好替自己未來的感情生活做好準備，因為你對自己的好感度決定了兩人世界的甜蜜程度。除非你們學會接納自己，不然你們的真愛就不會出現。當你們邂逅彼此的時候，你們的生活就會發生十分美好的改變。你們會感覺到親密的合一感，有如兩人在永恆中合為一體。你們之間的愛有如宇宙的大愛，將兩人的生活緊密地連在一起。所有的委屈都會消散，二元世界亦不再是可以能夠接受的實相。

未來你們會成雙成對地跟其他的星際人類見面。你們在這些社交團體中會開始療癒自己的人際關係。團體成員彼此相親相愛，不存在忌妒和佔有慾。大家互相信任，而二元世界關於愛撫和性愛的禁忌也會逐漸轉變成承諾和責任。生活在二元世界的人類經常冷落身體的某些部位。這樣會限制你們的意識發展，所以最好還是放下這種制約。另外你們太常壓抑自己的性能量了，你們在性愛的過程中不需要刻意壓抑性能量的流動。有時候性能量光是靠一個溫柔的撫摸就足以表達，也足以讓對方感受到，而這股性能量也會變成兩人之間最親暱的愛。未來你們在合一的社交團體中會在生活中互相扶持，成為一輩子的摯友。這些團體也會成為行星光網格的揚升之星。

現在就開始跟人見面、成雙成對，與你的伴侶彼此愛撫，然後結合在一起吧。享受靈肉合一的美好，放下所有的罪惡感並且成就兩人的幸福世界。你們的幸福也是我們的幸福。我們會永遠和你們在一起。

22 光之島

在這個紛紛擾擾的末法時代，新世界的永恆綠洲將逐漸浮現……

你們好，親愛的兄弟姐妹們。這裡是阿斯塔指揮部的克洛特隆星際基地。我們和你們一起在地球上開闢人間天堂。未來的世界會有許多光之島，而天堂和地球將會在這些新世界的過渡區域逐漸合為一體。

光之島是新時代的人類社區。島上的居民們為了在新世界裡生活，決定一起協助地球轉變成一個合一的世界。你們透過抉擇和共同的約定來創造新世界。如果你們願意協助地球變成合一世界，合一就必定會降臨。

你們的星球正從二元轉變到合一。你們也可以選擇跟地球一同進入合一。1994 年 12 月 12 日是光之島出現在地球的第一天。地球在那一天進入了 12:12 星門，開始脫離二元性的稠密能量。所以當天也是新時代開始在實體世界顯化的第一天。從那一天開始，地球能更輕鬆地往 11:11 次元門戶的內側星門移動。

靈魂家族、靈魂伴侶和雙生靈魂都會在光之島上相聚。他們彼此之間將會建立起嶄新的社交關係。他們不論是在肉體還是其他層面都有著非常親密的互動。生活中不會再發生性愛分離，人神兩隔的窘境，而且會越來越像人間天堂。光之島上開放而且親密的關係將會幫助地球吸引宇宙之愛和神聖恩典，進而在實體世界實現合一。世界各地會開始出現許多能量漩渦，將光之島居民的集體意識從二元提升到合一。最後這些靈魂都會集體揚升到合一世界。

你們會在光之島上發展出密切的合作關係，跟我們更是合作無間。阿斯塔指揮部的代表們就生活在璀璨壯觀的光之空島，也就是你們知道的光飛船。我們可以在開闊的宇宙空間裡生活；不過基於許多原因，我們選擇在璀璨耀眼的光之城、光飛船和宇宙中其他的光之島上生活。美就是我們的信仰，因而我們不論到哪裡都會與美善的人事物一起生活。你們和我們的光之空島之間將會逐漸建立起一股能量連結。每一座你們打造的光之島都會從我們這裡收到一座乙太星際基地。它將高聳地懸浮在光之島上空，並且用揚升能量柱圍繞整座島嶼。

每一座光之島上都至少有一名肉身的揚升大師。未來，第一批光之島不用多久就會出現在世界各地。當第一批自願揚升者以揚升大師之姿返回地球的時候，這些光之島的涵蓋面積也會迅速增加。這些新科揚升大師們其中有些人也會創造更多、更多的光之島。

光之島將會建立在能量極為純淨的地方。這些聖地上的所有想法、感覺及行為都會是純淨無暇的。創造光之島最重要的關鍵就是我們必須全然臣服於合一世界，因為所有二元性社群通常都會在幾年內分崩離析。對於光之島而言，生活能夠完全自給自足是非常重要的，特別是糧食和金錢收入。如此一來，當人類的世界發生重大變革的時候，光之島就能在紛擾混亂的世局中充當祥和安定的世外桃源。

未來星際人類也會進駐光之島，並且協助地球進入新的維度世界。到時候光之島將會是少數不受影響的區域。因為這些島嶼在地球揚升之前就已經存在於高維世界了。換句話說，全無雜念、清淨無染的心境是創造光之島的至要關鍵。

♥如何創造光之島？

光之島創造計畫的第一階段會從你們的日常生活開始。你們這一生的成長就是為了準備幫助自己適應光之島的日常生活。成長有幾種很好的方法：從人際關係中學習改變；不斷地惕勵磨練自己。時常傾聽你們的內在天使，表現自己內在的真善美。有空就對自己說：『我能諒解自己，因為我不屬於這個世界』。我們將創造的光之島也不屬於這個世界。但是呢，我們的光之島將會存在於這個世界，然後幫助地球成為銀河中的明亮光點。

你們之後會與自己的星際家人團聚，並且和不同的團體來往。這些社交關係也都是為了光之島的生活所做的準備工作。許多人嚮往著光之島的生活。有些人已經開始嘗試在自己的社交圈中打造類似光之島的社區。

當所有嚮往光之島生活的人能夠放下原本的社交圈，開始聚在一起生活的時候，光之島創造計畫就會進入第二階段。其實這些人也不需要認定自己屬於任何團體。現在歐美國家有許多集體社區的生活方案。當這些社區完成整合之後，現實生活中就會開始出現光之社區。

所有在加州的新時代團體都生活在同一個能量漩渦。這個能量漩渦的中心點在洛杉磯，而它是地球上十二個主要的新時代能量漩渦之一。因而美國的光之島會座落在洛杉磯附近。未來的洛杉磯將會是一座白光之城，而美國將會是一個綠意盎然又充滿愛的美麗國度。地球則會成為銀河光網路中的寶藍色光點。你我終將成為完整的合一。

23 星際之石

星際之石是從天而降的守護石，提醒我們都是來自星星的兒女。

你們好，親愛的天使們。這裡是阿斯塔指揮部的克洛特隆星際基地。我們和你們一起。你們都是星際存有，而且在這個世界上並不孤單。當你們從宇宙深處來到這個世界的時候，星際之石也追隨著你們一同前來。它們在這個時刻會幫助你們回想起生命旅途的起點和目的地。在合一的高維度世界裡，星際之石是跨越維度的門戶。

宇宙裡面有許多個維度，而你們已經對三維世界非常熟悉了。它是個二元對立的世界。你們已經在地球上輪迴了好幾次，過著缺乏愛的生活。實際上，這個宇宙中像地球這樣的世界是極端少見的。宇宙的絕大部分都是合一又充滿聖光的世界。宇宙之愛是整個宇宙以及無數奇蹟的基礎。宇宙到處都是壯麗的星雲、繽紛絢麗的星球、黑洞和白洞、螺旋星系、次元星門和入口。波瀾壯闊的時空漩渦在難以想像的維度世界中交織迴盪。宇宙中還有許多五維世界。將來你們揚升之後，甚至可以前往更高維度的世界。不過你們現在也可以利用地球上的星際之石，提前一窺這些高維世界的樣貌。

♥星際之石的用途

星際之石從地方標幟區的星門來到地球。用地球的語言來說，這些石頭就叫做玻隕石。不同種類的玻隕石來自地方標幟區的各個星系，並且帶有跨越時空的星際能量。玻隕石是合一之石。它們是礦物界的大師。它們是不受二元性影響的純粹流光，因而它們不需要淨化。人們也無法編程這些石頭，要求它們有特定的用途。它們會在自己的所在位置發揮天賦。你們可以將玻隕石鑲在平常配戴的珠寶上，冥想的時候也可以把它們握在手上。未經雕琢的玻隕石具有最美妙的效果，它跟隕石、紫水晶和白水晶搭配使用也是相得益彰。赫基蒙鑽石水晶是一種非常透明的白水晶。它非常適合與其他水晶、寶石一起使用。鑽石水晶能召喚揚升和神聖介入的能量，幫助你們提升意識水平，讓你們朝揚升大師之路精進。大家可以將玻隕石排列成各種神聖符號，或是創作一個曼陀羅來加速自己的揚升——六芒星曼陀羅在這方面特別管用。

♥各式各樣的星際之石

所有星際之石當中，最有名的莫過於捷克隕石。這種美麗的墨綠色隕石來自昴宿星團。1800 萬年前阿加胡星爆炸之後，其中一塊星球碎片歷經幾百萬年的星際旅行，墜落在地球的波西米亞地區。捷克隕石是亞特蘭提斯時代的聖杯寶石，用來喚醒星際人類。每一塊捷克隕石都帶有特別的星際訊息，可以啟動你們的星際編碼。如果你們對三維世界感到陌生，捷克隕石會幫助你們回想起自己的星際家鄉。它可以撫平你們內在的創傷，並且讓你們與我們和其他親愛的星際家人們連結、互動。它也可以幫助你們的星際天使能量與你們的肉體整合；同時指引你們找到自己的靈魂伴侶和雙生靈魂。地球轉變到合一世界的過程中，捷克隕石會是最重要的星際之石。

第二種星際之石也十分常見。它就是來自獵戶座安星門的玻隕石，又叫做印尼隕石(Indokinites)。它在地球的產地是印尼和中國，色澤呈黑色。安恆星是銀河合一之星，你們的天文學家稱之為參宿二。87 萬年前二元性實驗開始的時候，印尼隕石就已經來到地球。這種隕石是終結並且超越二元世界的關鍵。印尼隕石可以提升所在環境的振動頻率，將二元轉化至合一。

亞利桑那隕石 (Saffordites) 來自天狼星，色澤是美麗的棕紫色。這種隕石只出現在亞利桑那州的某個地方，因而十分罕見。哥倫比亞隕石 (Columbianites) 也來自天狼星，產地是南美的哥倫比亞。兩種隕石都有極高的振動頻率，因此它們適合已覺醒的星際人類使用。這些星際人類已經曉得並且正在履行自己的神聖使命。有些亞利桑那隕石在全世界輾轉移動，並且找到自己在地球上的星際主人，而當時這些星際人類正在參與 12:12 門戶的啟動儀式。這些隕石會在儀式中甦醒，接著開始發揮它們真正的作用：清除源自於亞特蘭提斯時代的負面植入物。亞利桑那隕石將會化解星際人類在生活中的所有隔閡和分離，接著在人類的生活中落實宇宙之愛和神聖恩典。

世界上還存在著其他種類的玻隕石。例如來自參宿七的利比亞玻隕石、來自馬頭星雲的貝迪亞隕石（Bediasites），還有喬治亞玻隕石、西藏玻隕石（又叫做 Agni mani）——火焰珠，因為它可以提升亢達里尼的能量）、哈薩克隕石（Irgihzites）和其它各式各樣的玻隕石。它們的用途將在適當的時間點向世人公開。

星際之石是你們的好朋友。請與它們連結，讓它們引領你們一探宇宙之美，並且藉由它們找到我們。

24 昴宿星團的樂園生活

宿星團的阿加胡星有兩顆太陽：一顆藍色的大太陽和一顆橘色的小太陽。那裡就是我們遙遠的故鄉。

你們好，光之存有們。這裡是阿斯塔指揮部的克洛特隆星際基地。我們與你們一起了解星際兄弟姐妹們在昴宿星團的生活。昴宿星團曾經是天使存有們的故鄉。這些天使存有在揚升之後來到地球，並且協助創建亞特蘭提斯文明。

大約在 77,000 年前，亞特蘭提斯因濫用先進科技而引發了第三次大洪水。當時一部分的星際存有們決定回昴宿星團，回歸更和諧友善的生活方式。其他的星際存有們則決定留在地球繼續幫助地球人。你們當中許多人都曾經是選擇留在地球的星際天使。你們在很久很久以前就在昴宿星系裡面經歷了天使的進化生活。

至於離開亞特蘭提斯的星際存有們，現在仍在昴宿星系中生活。他們長久以來都正當地使用亞特蘭提斯科技，因而逐漸建造出伊甸園般的天堂家園。

這些星際家人們已經練成了心如止水、動靜自如的境界。昴宿星團裡面有超過一百個行星是他們的家園。他們的母星是一個繞著昴宿六公轉的行星。這裡的環境綠意盎然，連天空也是漂亮的碧綠色。

昴宿星人的物理科技已經是爐火純青的境界。他們能調控自然環境，讓星球的天氣保持舒適迷人。他們居住在美輪美奐的水晶光城市。城市的周圍植被茂密、流水潺潺，還有永不乾涸的清泉。

美學是他們的人生信條，所以他們選擇用美麗的肉身生活。他們的外表跟人類很像，但是更加美麗和強健。昴宿星人的社會是靈魂社區制，有時候他們也會自行選擇生活伴侶。他們對彼此敞開心胸，讓情感自由流動。每天的日常生活都充滿著喜樂、和諧和幸福。他們喜歡笑，但是不會嘲笑他人。互愛合作、相知相惜是他們重要的價值觀。他們熱愛音樂，喜歡創造事物；也有許多人是傑出的藝術家。

♥流光科技

乙太流光科技是昴宿星生活中非常重要的一環。流光是一種濃縮處理過的乙太物質。光之存有們可以用意念把流光塑造成任何東西。因為流光的材料性質十分特殊，使用者必須有純淨的想法和感覺。昴宿星的藝術家們經常會利用流光來創造出跨維度的雕塑作品。例如在空中翩翩起舞的彩虹光雲。

任何人觸摸或者腦海中想著彩虹光雲，光雲就會依照此人的振動頻率，顯現出不同的形狀和色彩。雲彩還會發出和諧的聲音或散發出迷人的芳香。這些美好的感官饗宴都能提升個體的意識水平，幫助他體會宇宙之美。對於昴宿星人而言，尤其是音樂家和雕塑家，充滿生命力的流光藝術是最重要的表達形式。這些藝術家們利用流光將音樂和雕塑融為一體，化做超越時空的不朽作品。絕大多數的昴宿星住宅都是用流光做內部擺設和裝潢。

昴宿星人也會運用乙太流光技術變化出任何他們需要的實體物品。昴宿星人用於跨維度星系旅行的光飛船也是利用高密度的流光變成的。光飛船藉由駕駛員的意念穿越維度星門，因而飛船的速度可以比光速快上百萬倍——從昴宿星團到地球只需要兩小時的旅程。流光科技在昴宿星團幾乎取代了所有的物理技術。最後一批用物理技術生產的機器和星際飛船是兩千年以前的產品，但依然可以照常使用。當時昴宿星人的物理科技就已經達到完美的境界，各種機器運轉幾千幾萬年也不會壞掉。

♥昴宿星團的揚升

昴宿星人即將徹底精通物質界的一切事物，而昴宿星文明也即將揚升。按照地球的線性時間計算，昴宿星團會在公元2002年進入光之環。昴宿星團隨後會發生一波集體揚升。因為昴宿星人已經做好揚升的準備，他們不需要像地球人一樣，需要採取三段式揚升。昴宿星人的星際艦隊已經和阿斯塔指揮部合作了相當長的一段時間。他們長久以來都在幫助地球成為銀河的亮麗光點。

當昴宿星團進入光之環之後，它會穿過 11:11 次元門戶，接著揚升至第七維度。屆時昴宿星團就會完成合一的銀河進化。有些在昴宿星團揚升的七維存有們將會前往獵戶座。他們將跨越獵戶座的次元門戶，進入全然未知的、屬於合一螺旋的高維世界。你我之間也會有些人加入他們的冒險旅程……

25 邁向新時代

地球在 1994 年 12 月 12 日就邁入了黃金時代，這是 144,000 名光之存有合力創造的救贖奇蹟。

你們好，親愛的光之存有們。這裡是阿斯塔指揮部的克洛特隆星際基地。你我將一起學習 12:12 次元門戶的奧秘。

12:12 次元門戶象徵一個新時代即將在實體世界誕生。為了開啟這個門戶，我們需要 1000-2000 人到埃及的金字塔群進行開啟冥想儀式，而全世界一共需要 144,000 人參與開啟儀式。

在 12 月 12 日當天，來自天狼星的救贖能量將會穿過埃及的大金字塔，然後進入地球的中心。這股能量會讓你們逐漸脫離二元世界的業力法則，然後開始領受無盡的神聖恩典。

神聖恩典源自於寬恕和神聖介入。你們在本質上都是值得被愛和揚升的神聖天使。12:12 次元門戶是一個千載難逢的大好機會。你們可以在當天下定決心，將自己提升到更高的意識層次，並且為了人類的終極解放而努力。

現在就決定自己想要的生活，並且篤定相信這一切都會成真。那麼你們的願景就會在幾年內實現。12:12 次元門戶將使得人類的集體意識出現飛躍式的提升，進而觸發象徵圓滿完結的能量。這些能量會幫助你們完成在地球上的神聖使命。屆時你們將能卸下所有的束縛，開始體驗真正的自由。

12:12 次元門戶開啟前的準備階段，地球需要擺脫最稠密的二元性能量。所以許多人會在 12 月 12 日之前的秋季期間經歷一波十分強烈的情緒清理。你們可以在這段時間清理你們下半身的能量中心（脈輪）並且把握機會，惕勵精進。當你們的下三輪清理乾淨之後，你們的情緒體就會開始散發清靜無染的宇宙之愛。

♥12：12次元門戶開啟之後的世界

12:12 次元門戶是地球在二元世界最後一場門戶開啟儀式。從此之後，所有的門戶開啟儀式都會在 11:11 的合一螺旋中展開。

雖然 12:12 的門戶能量讓許多人獲得大幅度的成長；與規模浩大的 11:11 次元門戶相比，12:12 次元門戶只是一道小門檻而已。對某些人而言，12:12 是他們進入高維世界的量子跳躍起點。

人類的發展從此之後再也不會是線性模式，而是呈現跨維度的成長。12:12 次元門戶開啟之後，三顆太陽系的系外行星隨即改變它們的星相宮位。這對地球世界造成了巨大的變革。聖光像飛瀑一樣，傾瀉到地球。巨量的聖光為第一波集體揚升潮打下了穩固的基礎，而揚升大師們也已經融入人群中生活。外星文明在地球的活動會變得更加頻繁。未來將會有越來越多人目擊外星事物的蹤影。

由於未來會有越來越多人與靈魂伴侶和雙生靈魂團聚，人類的時間觀念將會大幅改變。地球會逐漸變成沒有時間概念的世界，隨後她將蛻變成一顆高維世界的神聖星球。所有的物質都會揚升到乙太的世界。新地球將會是一顆乙太的合一行星，並且與新天堂一起組成超越時空的太虛聖境。

轉換漩渦是物質世界的揚升起點。這些漩渦已經在 12:12 次元門戶開啓期間陸續啓動。轉換漩渦是流光組成的能量漩渦。它們能將二元世界轉化成合一，同時也是新世界的綠洲。

12:12 次元門戶開啟之後，地球上某些靈修團體和能量聖地將會化身成轉換漩渦。未來的光之島社區則會是遍佈全世界的轉換漩渦。

一旦你們決定在轉換漩渦點上生活並且進入合一世界，二元世界的人類會越來越不容易看見你們。一旦你們的意識完全沉浸在合一世界，你們的肉身將會有一部份進入乙太層。

每一個轉換漩渦都有獨特的靈性特質，承載著特定的宇宙之光。轉換漩渦可以相互連結成安塔里昂網格。

星際人類來到地球的使命就是建立地球的安塔里昂網格和提升地球的振動頻率，從而讓她揚升到高維世界。

安塔里昂網格的階段性工程會隨著 11:11 次元門戶逐一完成。這項能量線工程將會極大地加快人類的進化速度。流經安塔里昂網格的巨大宇宙能量將會在 11:11 次元門戶關閉的一瞬間將地球提升至乙太層。屆時銀河中央太陽的能量將會直接傳遍整個地球。這股巨大能量將會沖散最後少數遮蔽地球的星光界雲。接著揚升大師們將會聚集在岡仁波齊峰的衛塞山谷，合力將地球提升至合一螺旋世界。這場儀式象徵新地球的誕生和安塔里昂網格正式完工。通往銀河合一故鄉的康莊大道，就在前方閃閃發光，等待著大家……

26 無條件救贖

我們清償了所有的債務，我們內在的神聖火花已經覺醒。救贖的神聖之光如今降臨地球。

你們好，神聖火花和合一的火焰們。我是克洛特隆・安塔里昂。這裡是阿斯塔指揮部的克洛特隆星際基地。我們現在與你們一起踏上旅程，大步邁向前方的新世界。

你們都是合一的星際天使。你們在這個銀河扇區向全宇宙展現全新的實相。很久很久以前，你們決定轉世到地方標幟區，並且協助提升這裡的物質振動頻率。你們穿越過無數個地方標幟區的星門，幫助無數個星系進入合一世界。現在地方標幟區是這個浩瀚銀河系的過渡地帶。它與其他銀河系的區塊合力完成銀河光之網格，一起顯化全新的實相。

一旦你們投生到物質世界生活，就代表你們已經接受了自己想體驗二元性的抉擇。為了實現這個勇敢的抉擇，你們切斷自己與合一本源以及神聖火花的連結。你們把自己從神聖恩典中抽離，改讓業力成為生活的運行法則。目前這個銀河扇區的二元性實驗已經進入尾聲，你們也將無條件地從業力法則回歸到神聖恩典法則。

12:12門戶開啟之後，地球的隔離狀態便宣告進入尾聲。現在地球的振動頻率已高到可以進行加入銀河聯盟的準備作業。這個過程中肯定會使得外星文明訪問地球的次數日益頻繁。薩南達大師——耶穌基督，萬王之王也已經在轉化你們交付給祂的所有業力。這就是無條件救贖的開始，而且會在未來幾年內快速發生。

地球正在朝無條件救贖前進。這是神聖計畫的展現，也是這個星球的天命。所有生活在地球上的眾生都會獲得救贖。如果有人不希望被救贖，還想繼續帶著業力生活的話，那麼他們就會被轉移到其他適合他們的星球。

當地球進入光之環的內部區域的那一刻，無條件救贖就已經開始了。地球在這裡會收到越來越多的合一、光明和解脫的振動頻率，另外還有針對物質世界的神聖恩典。這裡就是銀河標幟區的所在區域，也是銀河中央太陽的意識化身。現在這個光之環正柔和地包覆著你們的太陽系和地球。

除了神聖的光之環，地球同時也進入了光子帶。光子帶是五維的流光振動帶。它環繞昴宿星團的昴宿六（昴宿星系的太陽）運轉。現在地方標幟區的許多星系都運行到昴宿星團附近，它們的運行軌道也開始跟光子帶重疊。你們的太陽系每隔 25800 年會繞行昴宿六一圈。它在公轉的旅程中會與光子帶重疊兩次，每一次穿越重疊區域的時間大約是 2000 年。上一次的穿越旅程發生在亞特蘭提斯時代的最後一場大洪水，而現在你們的太陽系已經進入了第二次的穿越之旅。地球的振動頻率正在急遽提升，而且會持續不斷地增強。這種現象很可能會使地球的電力系統和科技產品發生一些異常狀況，不過你們的意識水平將會大幅度成長。

第一波和第二波集體揚升其實是為了第三波集體揚升，也就是人類的終極救贖所做的前置作業。當然有些人可能早在第一波集體揚升之前就已經揚升了。第一波集體揚升就在眼前。這是我們現在的評估，不過可能還會有些變化。自願參加第一波集體揚升的人數至少要達到 700 人。

如果第一波集體揚升太早發生，自願回地球服務的揚升大師就不夠多了。如果第一波集體揚升太晚發生，又沒有足夠的時間來籌備第二波和第三波集體揚升。我們會試著把握良機，為全人類謀求最大的福祉。

現在你們身體的周圍都有一道揚升光柱。到了人類集體揚升的前幾天，乃至於前幾個小時，我們會大幅增強這些揚升光柱的振動頻率。流光的能量會幫助你們的身體適應揚升能量波，接著我們就會用懸浮光柱將你們帶進飛船。雖然你們在過不久就能被帶上飛船與我們相見，不過你們在心中已經在進行揚升的前置作業了。所以說，揚升不是你們的未來式，而是現在進行式。

第一波和第二波的新科揚升大師們會為第三波揚升，為了人類的終極救贖做好完善的準備。隨後合一之光將包圍整個地球，讓所有選擇揚升的人都能獲得救贖。任何人不論過去的所作所為，他(她)的心中都會保有一絲神聖火花。所有人的神聖火花都會接納無條件救贖的抉擇。這個抉擇能在一瞬間轉化所有的業力，讓它們有如奇蹟似進入合一意識之中。

你們的太陽系即將徹底地重獲自由。2012 年是獵戶座的黑暗之主們從地球上徹底絕跡的一年，也是地球進入合一振動頻率的一年。接著大天使麥達昶會在安星門關閉之前開啟的 11:11 次元門戶，象徵無條件救贖大功告成。

▲譯註：本篇文章是2012年前的資料。正確資料補充：25800年是銀河中央太陽（人馬座A*）的活動週期。我們的太陽系只會繞銀河中央太陽公轉，而不是昴宿六。光子帶正確的描述是銀河中央太陽噴發的超光子能量波和高能粒子。

27 救贖技術

地球周遭的無形意識場正在將她轉化成銀河光網格的明亮光點⋯⋯一個煥然一新的美麗世界。

你們好，神聖火花和合一火焰們。這裡是阿斯塔指揮部的克洛特隆星際基地。我們正與你們一起邁向新實相、新天堂和新地球。

舊實相將會被救贖，然後獲得奇蹟般的轉變。救贖技術可以開啟轉換漩渦的型態生成場，也就是合一意識的能量網格。轉換漩渦則是合一的能量漩渦。它可以瞬間轉化二元世界的一切事物並且將它們帶往合一。二元通往合一的過程又叫做三角合一。

對人類而言，三角合一是擺脫進而超越二元想法的過程。所有的二元想法都會有正反兩面。一旦你們用心反覆思量某種狀態的正反面向，你們就能擺脫它進而體悟高維世界的意識。你們可以用三角合一逐漸超脫二元想法的迴圈，而不一樣的想法很快就會延伸成不一樣的心情和生活。如果你們完全臣服於合一，三角合一甚至可以自行在腦海中運作。

轉換漩渦是神聖介入的工具。它能將顯化法則和業力法則轉化為神聖恩典法則。它也使得合一的奇異恩典能夠降臨存在於二元結構的三維和四維空間。當空間中的奇蹟達到臨界質量，三維和四維空間就會發生實相的結構轉變，然後量子躍升到五維世界。

♥揚升團隊

每一位決定加入地球第一波或第二波集體揚升潮的人都是改變地球命運的急先鋒。這些人將會在地球上創造出安塔里昂網格。

現在是大家開始成立揚升團隊的時候了。揚升團隊是轉換能量漩渦在現實世界的化身。如果揚升團隊能夠在世界各地形成地球光網格，而不侷限於大城市的話，那當然是再好不過了。任何人只要有心成立揚升團隊，在未來都會收到完整詳細的指示。

揚升團隊需要準備一個可以定期聚會的場地。團隊經常定期聚會的場地會形成一個能量漩渦點，進而加強你們跟星際家人的連結。

請你們一定要對了解你的人勇敢地表達自己的想法。成立團隊之後，也記得時常尋求我們的指引和協助。每一個揚升團隊還需要準備團隊專用的星際之石。捷克隕石或玻隕石可以協助錨定合一的臨在。你們還可以搭建一個簡易型金字塔，放入一顆星際之石，然後靜靜地觀察這個跨維度窗口帶來的奇蹟。我們會向團隊的星際之石發送合一能量，協助調整團隊成員的振動頻率。

轉換漩渦是第六維度的天使能量。它可以加速新世界的顯化。它也能幫助靈魂家族在揚升團隊和光之島上團聚，並且加速靈魂的揚升。轉換漩渦也會藉助靈魂家族的天使力量在現實世界錨定新的實相。現在的你們已經不需要從虛情假意的人際關係中學習任何事情了。現在就忘記曾經欺騙過你的人吧。

你們之後會體驗到更加美好的社交關係，而你們也將從中學習到愛的真諦。你們成立揚升團隊之後，可以經常一起聊天、冥想、傳播光與愛，擁抱和關懷彼此。乙太流光會將所有成員的能量組合成全新的光、顏色、形狀和聲音，接著將所有人的意識帶往新的境界。

等到時機成熟了，團隊成員會開始發展出不受時空限制的跨維度意識。他們接著會用這種意識跟我們交流、合一。現在我們將傳授開啟轉換漩渦的冥想技巧，讓你們在每次聚會的時候一起使用。當你們進行這項神聖儀式的時候，我們必定與大家同在。

1 聚會成員圍成一個圓圈。
2 大夥雙手舉高過頭，開始原地順時鐘方向旋轉。
3 開始唱誦咒語：伊～～（拉長音），讓咒音的振動傳遍全身。
4 觀想自己的身體化作一道明亮耀眼的光柱。這道光柱閃爍著數百萬顆七彩繽紛的耀眼星光，向上連結揚升漩渦。
5 旋轉一段時間之後可以停下來休息，並且觀想這道光柱繼續在身體內旋轉。
6 身體開始再一次順時鐘方向旋轉。這一次雙手可以平放。
7 開始唱誦咒語：伊～～啊～～（咒音連貫不中斷），讓咒音振動全身。接著觀想一個明亮的彩虹漩渦從心輪不斷擴大，包覆整個地球。呼請指導靈、揚升大師、昴宿星人、天使、雙生靈魂、靈魂伴侶、靈魂家族以及其他光之存有。

8 觀想這些光之存有一起加入旋轉。

9 當大夥覺得可以的時候，就可以停止旋轉，然後坐下來冥想。

前往合一的奇幻旅程即將要開始了。我們與大家同在，天使與大家同在，光之存有也與大家同在。

神聖輝煌的夢想世界就在你我的眼前。

28 轉變正在發生

七重帷幕將會逐一被揭開，直到唯一的太陽照耀天地。

你們好，神聖火花和合一火焰們。這裡是阿斯塔指揮部的克洛特隆星際基地。我是阿札瑞斯・拉姆。

我們與你們一起揭開時空面紗，照見永恆的合一。

時空面紗總共有七道啟示封印。每解開一道封印，我們就開啟一道深入宇宙意識的大門。

第一道封印是在 1975 年 5 月 25 日開啟的星門。這一道星門讓揚升大師的門徒們能夠知曉神聖計畫的某些部分，協助人類的療癒工作得以展開。

第二道封印是 1987 年 8 月 16 日及 17 日開啟的和諧匯聚門戶。這一道門戶讓三維地球得以進入四維世界。

第三道封印是由 11:11 次元門戶的第一道星門。它的開啟時間是 1992 年 1 月 11 日。第一道星門是合一世界的入口，三維地球從此可以更上一層樓，進入五維世界。

第四道封印是 11:11 次元門戶的第二道星門。它的開啟時間是 1993 年 6 月 5 日。第二道星門是通往六維世界的大門，也是地球進入純粹宇宙之愛的入場券。三維地球從此之後開始出現越來越多的轉換漩渦——通往揚升的彩虹螺旋漩渦。

第五道封印是 12:12 門戶。它的開啟象徵四維世界的完成，同時也是地球的運行法則從業力回歸神聖恩典的轉捩點。

第六道封印是 11:11 次元門戶的第三道星門。它的開啟將七維合一世界的實相錨定到地球，並且開始串連地球上的轉換漩渦，形成地球光之網格。

第七道封印是 1999 年 8 月 11 日開啟的安塔里昂門戶。它是地球進入合一世界的轉捩點。這七道啟示封印代表地球接受啟蒙的七道關卡，回家的路就在前方不遠了。

♥你們正進入到聖光的創造時代

12:12 門戶開啟之後，地球轉變到合一世界的進度將大幅加快。1994 年 11 月之後，阿斯塔指揮部在地球的活動變得比以前更加頻繁。除此之外，地球的振動頻率也在飛快提升。人類世界將會因而發生許多改變。好比說：世界各地會陸續出現中小型的揚升團隊；接著團隊成員們會開始錨定來自銀河中央太陽和地方標幟區的神聖流光和各種宇宙能量之光。

任何在揚升道路上精進修行的人都會開啟內在的合一之眼。合一之眼不是脈輪，而是屬靈的器官，靈魂的眼睛。它能讓修行者看見無形界的事物。

一旦你們的心境提升了，肉身的振動頻率也會跟著提升至光體的水平。這種身體自然散發的光輝能讓你們看見一個全然美妙的奇幻世界。由於光體會使你們進入到二元視角看不到的乙太合一世界，你們周遭的人會越來越難察覺到你的存在。

一旦你們完全融入合一世界，生活中將會出現許多不可思議的奇蹟。你們會了解一個光之存有如何開創和塑造自己的現實生活。現在你們就可以開始學習用意念主導自己的人生。

人生就是抉擇的總合。當你們下定決心的那一刻，心智界的你們就已經有所改變。你們只需要花時間等待改變在現實世界顯化。你們就是生活的主人。你們不是宇宙法則之下的奴隸。你們本身就是宇宙法則，而法則內容就是你們內在的神聖之光。

人生充滿各種無常和未知的挑戰，你們也因為這些事情而找不到正確的人生方向。歡迎你們隨時請求我們的協助，呼請天使、光之存有、揚升大師和星際兄弟姊妹。你們每一次的請求都會得到我們成千上萬的回應。

你們所有的願望都有辦法實現。你們只需要下定決心，按照計畫行動並且呼請我們的協助。我們隨時都能給你們超乎想像的幫助。一旦你們對所有的好事抱持著感恩心，你們將會得到更多。接著聖光將會點亮你們的心房。

如果你們遭遇難關，請千萬不要氣餒。你們不是眼前世界的輸家，而你們要學會放下這種不符合真心的想法。任何黑暗負面的事物都可以透過你們的釋懷和諒解呈現出美好良善的一面。你們不需要退縮害怕；要學會堅強，勇敢地活出真實的自己。你們這一生的境遇其實就是心境對外的延伸；我們會一直陪伴你們，為你們加油打氣。

1975年之後，我們再度有機會向某些揚升學徒們講述集體揚升計畫。有些學徒們在那個年代就已經揚升。目前有些星際人類正在密集準備揚升，甚至努力趕在第一波集體揚升潮之前就先行出發。絕大多數的人類現在都在預備迎接第一波和第二波的集體揚升。未來幾年之內，你們在靈性層面會蛻變成健全成熟的大人；人類也終於得以重拾真實和永遠的自由。地表世界也會出現許多重大的變革。希望你們可以用平常心、信心和愛心準備迎接一個全然不同的生活。我們會永遠陪伴在你們的身邊。

29 宇宙的起源

神將燃燒的塵埃聚集在一起，創造了太陽、宇宙與世界……

你們好，神聖火花和合一的兒女們。我是克洛特隆・安塔里昂。這裡是阿斯塔指揮部的克洛特隆星際基地。我們與你們合為一體，讓靈性與物質世界再次合一。

宇宙合一意識將自己分成好幾等份，接著在創造之舞中孕育宇宙。這些被創造出來的宇宙就像是各種形式的鏡子，讓合一可以在倒影中看見並且認識自己。

新的宇宙從既有宇宙開啟的黑洞/白洞次元門戶中誕生。宇宙寶寶們就像是流光凝結成的氣泡在宇宙時空薄膜上擴張、收縮。

一旦宇宙完成了它被賦予的使命，它就會經由神聖介入揚升回歸合一。宇宙們完成天命的同時，合一的意識層次也會跟著提升。現在的宇宙合一意識還沒有達到完美的境界，它還需要在宇宙吸氣/吐氣的循環周期中學習、發展。

宇宙合一意識第一次嘗試開天闢地的時候，它沒有做好精神和物質之間的平衡。有些宇宙太過稠密，以至於進化的道路困難重重。有些宇宙則是太過鬆散，物質無法凝聚成意識，連帶生命的進化也無從發生。

現在合一意識進入了第六次的宇宙週期循環。這是它第一次做到精神和物質之間的平衡。良好的平衡讓天地萬物可以快速地進化。兩百億年過去了，11:11 次元門戶的出現代表這一次的宇宙週期循環即將進入尾聲。

宇宙藉由穿越 11:11 次元門戶揚升之後，宇宙合一意識就可以認識參與宇宙進化循環的所有眾生。換句話說，合一的意識水平也會因為宇宙回歸而更上一層樓。目前合一意識允許有情眾生可以按照自由意志進行演化。不過如果眾生濫用自由意志到走火入魔的地步，合一就不保證無條件救贖的可能性了。

現在宇宙合一意識理解到：天地萬物在宇宙中的遭遇都是它的一部份。所有的有情眾生除了需要自由意志，也需要獲得救贖的可能性。這種自由意志與救贖並存的世界正在浮現。就在這一次的宇宙循環，全宇宙將會發生開天闢地以來第一次的無條件揚升。

揚升意味著將各種不同的世界進入合一。一旦越來越多的銀河系、恆星、行星和星際文明揚升，宇宙中的可能性就變得越來越少。所有的宇宙會一個接著一個完成它們的天命，並且回歸合一。

未來最後一次宇宙循環結束之際，天地之間就會只剩下最後一個宇宙。這將會是一個完美無瑕的宇宙。屆時宇宙合一意識將會在這一面鏡子中審視著完美無瑕的自己，接著讓最後一個宇宙揚升。它的揚升意味著時間和空間的終結，只留下屬於合一的永恆。宇宙意識終將實現開天闢地的初衷：徹頭徹尾地認識自己。

♥流光的稠密化

靈性和物質是合一的一體兩面。物質在宇宙開天闢地之際誕生。物質就是稠密化的流光，濕婆神和夏克提女神愛的結晶。

流光在經過各種層次的稠密化之後，形成了各種維度和世界。流光創造了合一螺旋，並且經由進一步的稠密化形成了兩個世界的重疊區域──11:11 次元門戶。當流光完全壓縮成物質的時候，二元螺旋就隨著應運而生了。

安（合一）代表一切未顯化之物，即宇宙虛空的絕對合一。它存在於任何時空之外。它就是道：不可名，不可狀。

當 **11:11** 次元門戶的高維星門開啟的時候，一切發生了不可思議的變化。合一將自己顯化成抽象的絕對，形成一切萬有。你們稱呼它為『安．索夫』（合一帷幕）。它是宇宙的至聖精華、萬物之源，合一螺旋的起點。

神聖火花從萬物之源中誕生，形成了宇宙的光之場域。你們稱呼它為『安．索夫．歐爾』（合一帷幕之光）。神聖火花接著又孵化了宇宙之卵，形成了天地萬物的生命種子。宇宙之卵是開天闢地的神聖意志。這股宇宙意識在人間的名字就是『濕婆』。

當創世之力開始壓縮宇宙之光，合一也分成了宇宙濕婆和宇宙夏克提。宇宙之愛——毗濕奴從分離中誕生了。毗濕奴負責維繫宇宙的平衡。這裡是銀河意識標幟區，銀河級存有的搖籃。

隨著宇宙之光更加地稠密，宇宙之心——梵天誕生了。梵天是造物神聖計畫的精髓。這裡是恆星意識標幟區，恆星級存有的家園。

當神聖計畫出現之後，宇宙浮現了創造萬物的願望。這裡就是 **11:11** 次元門戶的過渡地帶，一個橫跨合一和二元的絕對未知領域。這裡是行星意識標幟區，合一之子——耶洛因的世界。

耶洛因是一群擁有大能的創世天使。他們可以萃取宇宙光之精華當中的造物基本原子，然後將其壓縮來創造宇宙。艾安拉次元門戶是宇宙的出生地。這個門戶遍布於所有重要的時空座標點。

宇宙神聖火花之海隨後又孕育出純粹造物的基本原子和個體意識。這裡就是第十一音域，大天使的神聖領域。

宇宙之光在第十一音域分成了十二道光。每一道光都承載著宇宙之光的某種性質。第一道光是意志。第二道光是愛與智慧。第三道光是創造力。第四道光是和諧。第五道光是知識。第六道光是熱誠。第七道光是成就萬物的力量。

這七道光帶有高維世界的能量，而且它們在地球上幾乎是不存在的。這七道光經過不同的排列組合之後，就會形成各式各樣的宇宙。

隨著流光變得更加稠密，它逐漸形成了第七音域——所有神聖火花的家園。它是 **11:11** 次元門戶合一區段的尾端。這裡是神聖意志的概念，也就是揚升大師的境界。揚升大師在意識上都是一體的，你們用自己的想法區別他們的身份。

當流光變得更稠密的時候，我們就進入了二元螺旋的領域——第六維度。六維世界是直覺的世界，充滿著無條件的愛。靈性和物質已經不是密不可分，而是處在若即若離的狀態。

流光接著固化成第五維度。五維世界是靈魂的故鄉，也是通往所有時空的跳板。這裡是充滿光的世界，開悟存有的天堂。

當流光變得更加稠密之後，神聖五維原形開始凝聚成形。這裡是二元性的真正起點，也是線性時空的起源。

當二元心智想法變得更加稠密的時候，周圍的情緒（星光）物質開始跟著沉積，形成了四維世界。流光因為乙太物質的層層包覆而變得更加稠密，形成了高能電漿團。

一旦電漿開始固化，乙太原子核也跟著變重，形成了物理界熟知的原子和固、液、汽三態。

有形的三維世界是流光的最終狀態。當物質在實體世界能夠物盡其用的時候，它便會經由光之隧道（次元窗口）揚升回到乙太層，接著在億百萬年的太虛中透過次元門戶提升其振動頻率。總有一天，所有的神聖原子都將回到最初的源頭。屆時天地萬物都將變得完美無缺，成就圓滿功德。

30 雙生靈魂的起源

太初之際，靈魂開始翩翩起舞。兩個靈魂踏著螺旋舞步緩緩地向彼此靠近。這就是合一之心的永恆之舞。

你們好，神聖火花和合一的兒女們。我是克洛特隆．安塔里昂。這裡是阿斯塔指揮部的克洛特隆星際基地。我們與你們一起在銀河的合一之中旅行。我們都是星際家族的神聖火花，都是起源於七維的銀河中央太陽。銀河中央太陽是萬物的開始（Alfa）和終結（Omega），在星際語言裡被稱為阿羅嘿．安．阿羅哈（Alohae An Aloha）。

所有的神聖火花都是同屬於一個神聖火花：第七維度中永恆而且唯一的原子。所有的生命在第七維度中都是合一的整體。後來，星際家族開始以第七維度天使團的名義朝著各個銀河系出發，展開生命的奇幻旅程。

在地方標幟區的次元門戶星區（例如：天狼星和昴宿六），星際家族的成員們將自身的振動頻率調頻至第六維度。這就是靈魂團體（group souls）的由來。靈魂團體是六維的永恆原子，也是單一神聖火花在六維世界的投影。靈魂團體在地方標幟區的次元門戶星區參與了宇宙的進化，並且實現了他們的第一次揚升。

在星際語言裡面，有一個名詞被用來稱呼在昴宿星團實現第一次揚升的靈魂團體：安努塔拉（AnNutTaRa）。靈魂團體的揚升神聖火花們四散於地方標幟區的各個恆星系。他們大多數都決定參與二元性實驗，並且在實驗圓滿結束之際實現第二次揚升。於是這些靈魂將自己的振動頻率調頻至第五維度，以便自己可以進入二元世界。

六維的永恆原子如今分散成無數個五維原子。每一個五維的永恆原子（靈魂）又創造出兩個彩虹交織的光體。這就是雙生靈魂的由來。五維的永恆原子從此一變為二，其中一個為男性，另一個為女性。接著，五維的永恆原子開始繞著自身的軸線旋轉，創造出時間和空間，從而打開進入二元世界的入口。

雙生靈魂們開始按照自身的靈性旅程投生到各個星球，並且在二元世界裡體驗生活。一對雙生靈魂除了在實體世界之外，在其他層面都是緊密相連的。現在二元性實驗已經進入尾聲。這意味著星際家族所有的神聖火花、靈魂伴侶和雙生靈魂會即將開始團聚。到時候我們將合力創造一個星際曼陀羅，讓我們可以透過安星門進入到合一的進化旅程。

我們的銀河之旅始於合一，並且順著 11:11:83 次元軸進入銀河中央太陽。11:11:83 次元軸是 11:11 次元門戶的合一能量錨。當年 11:11 次元門戶第二道星門開啟的時候，83 位參與開啟儀式的靈魂將它錨定到地球上。這個次元軸讓星際家族的成員，尤其是靈魂伴侶及雙生靈魂可以在合一意識中相聚。在 11:11 次元門戶關閉之前，星際家族團圓的景象會越來越常見。所有的星際家人最終將上演歡喜大團圓。每一位星際存有都會與自己的雙生靈魂重逢。

宇宙萬物都是因為合一的磁性吸引力而相聚。換句話說，每一位星際存有都是一個帶有磁性吸引力的彩虹漩渦。一旦你們打開合一之眼和合一之心，彩虹漩渦同時也會開啟你們的天使臨在。在你們與雙生靈魂重逢之前，你們會先遇到自己的靈魂伴侶。靈魂伴侶是光之存有，也是你在靈魂團體中的家人。

你們今生的靈魂伴侶會轉世成與你們相反的性別，好讓彼此成為一對幸福美滿的佳偶。靈魂情侶之間有著無法抗拒的吸引力。那是一種親暱又像是在家裡一樣的安全感。與靈魂伴侶談感情正是為了之後與雙生靈魂結合做準備，因為雙生靈魂之間的關係有如乾柴烈火，一發不可收拾。雙生靈魂的團圓和結合也代表二元性進入最後的尾聲。

每一位在星際間旅行的存有都會有雙生靈魂。由於光體內嵌有 11:11:83 的星際編碼，使得雙生靈魂注定會相遇。一旦你們能夠深深地體會物我合一，而且情緒體開始散發出宇宙之愛的時候，你們就會遇見自己的雙生靈魂。這種邂逅通常會發生在星際旅程中的最後一世，因為那時候你們將重獲新生；放下所有的成見並且成為光。雙生靈魂多半會用肉身與你們相聚。因此當宇宙循環週期結束之際，也就是眾多生命重獲新生的時候，將會有越來越多對雙生靈魂相遇、結合。

雙生靈魂邂逅的瞬間如同兩人同時觸電一樣震撼。你們對彼此的感覺是無比的親近和放鬆，而且在當下就認出他（她）就是自己的雙生靈魂。兩人甚至在面對面相逢之前，就可能已經在冥想或夢境中相遇了。雙生靈魂彼此之間是天作之合，在星際語言裡稱作瑪那（MaNa）。兩人的感情是你儂我儂，相輔相成。夫婦倆在外人眼中如同陽光般耀眼，私生活中則是舉案齊眉的好伴侶。

雙生靈魂之間是全然合一的感情。你們在第七維度是宇宙的合一，唯一的承諾就是：『我等即是』(I am.)。在六維世界，你們感受得到宇宙之愛，彼此之間的告白是：『我就是你，你就是我』。(I am you and you are me.)。在五維世界，磁性吸引力主導兩人之間的感情，所以兩人共通的甜言蜜語是：『我們乃是』(We are)。在四維世界，你們透過心電感應、溝通和感覺來交換能量。兩人之間兩小無猜，無話不談，所有的想法和感情都能夠自由地表達。你們對著彼此發誓：我們相知相惜，絕無代溝。(We communicate and feel each other)。到了三維的物質世界，兩人之間的能量是透過肢體接觸及肉體的結合來進行流動。當你們一起說出：『我們現在合為一體』(we are merging)，所有的維度終將會統合成一。

雙生靈魂的感情是兩名天使陷入愛河，共同譜寫出的奇蹟戀曲。你們的愛能讓無常化做永恆，萬象化為虛空。雙方都能感覺到也知道彼此是一，共同沉浸在合一的愛河裡，直到永遠。

一對雙生靈魂的結合是宇宙級的大事件，能為雙方的生命帶來無與倫比的領悟和和諧。所有累世的創傷都會在這段感情中獲得療癒，而且兩人在自己和彼此的眼中都是最完美的存在。更重要的是，與雙生靈魂共結連理是揚升的超級捷徑，同時也讓兩人可以更輕鬆又更有效地履行共同的神聖使命。

揚升大師們會在理想的時機點讓雙生靈魂團聚，實現你們合一的夢想。兩個不同的靈魂從此二合為一，一起成長和完成雙方所有的夢想。彩虹合一螺旋開始擴張，串連起你我和整個星際家族。

♥雙生靈魂連結冥想

1 身心完全放鬆，敞開心輪。
2 觀想一道白光從天而降，貫穿你們的身體並且直達地球的核心。
3 觀想胸口出現一個七彩繽紛的的光之漩渦。這個漩渦一直擴張，包圍了整個世界。你的雙生靈魂因為漩渦的能量而覺醒並且感覺到你的呼喚。
4 觀想雙生靈魂以夢中情人的模樣來到自己的面前，仔細感受他（她）的能量。
5 觀想乙太流光像繩索一樣將你和雙生靈魂的脈輪緊密相連。
6 觀想你和雙生靈魂的頂輪之間有一條紫羅蘭色的能量繩索。
7 觀想你和雙生靈魂的眉心輪之間有一條靛藍色的能量繩索。
8 觀想你和雙生靈魂的喉輪之間有一條淺藍色的能量繩索。
9 觀想你和雙生靈魂的心輪之間有一條綠色的能量繩索。

10 觀想你和雙生靈魂的太陽神經叢之間有一條黃色的能量繩索。
11 觀想你和雙生靈魂的臍輪之間有一條橙色的能量繩索。
12 觀想你和雙生靈魂的海底輪之間有一條紅色的能量繩索。
13 深情地看著雙生靈魂的雙眸，享受兩人水乳交融的甜蜜。
14 感覺他（她）無所不在的存在感。
15 觀想你們兩人深情相擁，在親吻的瞬間合為一體。
16 跟著他（她）一起深呼吸。吸氣的時候，全然臣服於對雙生靈魂的愛慕和渴望。吐氣的時候，欣然接受他（她）對你的思念和情意。
17 享受兩人合而為一的無比幸福。這種幸福感就是合一世界中唯一的感覺。

3 1 克洛特隆星際基地的通訊紀錄

當你想結束冥想的時候，將合一的感覺銘記在心裡。想像你跟雙生靈魂正在內心深處相遇。只要我們將這股合一能量錨定到我們的身體，我們就能吸引和呼喚我們的真命天子／真命天女。

♥第一部份

盧比安納的揚升團隊每個星期三會跟克洛特隆星際基地定期通訊。以下是部份通聯紀錄。

問：你能簡單描述克洛特隆星際基地嗎？

克洛特隆星際基地是由眾多飛船組成的艦隊複合體。從我們的角度來看，它就是一道稠密的光，也是我們合一意識的化身。如果大家在乙太層觀察的話，就會看到成群結隊的星際飛船。有些飛船是固定不動的，有些則是奔走於四面八方。

斯洛維尼亞是克洛特隆星際基地主要的活動範圍。基地的母艦目前盤旋在盧比安納的上空，其它較小型的飛船和 UFO 則每天專心地執行各種任務。

我們的星際基地的能量和心靈通訊隨時都與亞瑟神劍號乃至於整個阿斯塔指揮部相連。每艘飛船的能量核心都有一道跟銀河中央太陽相連的光柱。

克洛特隆星際基地的母艦是我們的家。較小型的飛船是我們與你們之間的交流媒介。好比說現在這一艘與你們團隊交流的星際飛船。如果你們正走在揚升的路上，同時明確表達希望有基地大小的飛船能夠永久或暫時停留在你們的上方，那麼有些基地就會停泊到你們家鄉的上空。有些飛船專攻科學研究，有些則負責打造地球光網格。不過他們重要的任務就是在你們的世界散播合一之愛。

問：什麼是瑟特隆（Xertron）和崔特隆（Tritron）？

它們是駐紮在斯洛維尼亞上空的星際基地。瑟特隆星際基地停泊在采列的上空，而崔特隆星際基地則停泊在特裡格拉夫國家公園的上空。

問：為什麼星際人類會投生到父母不是星際人類的家庭呢？

這是因為地球上星際人類為人父母的人數並不夠多。星際人類正陸續投生到地球的幾個世代。第一波的集體轉世發生在 1950 年代末期。第二波則是在 1967 年至 1975 年之間。

問：聖哲曼大師在業力委員會中扮演著什麼角色？

聖哲曼大師擁有可以轉化業力的紫羅蘭火焰。他向業力委員會請求使用紫羅蘭火焰，而他的請求也獲得委員會的准許。目前業力委員會正在經歷重大的改變。上級指示業力委員會解除所有的業力，並且更改阿卡西記錄當中全部的業力印記。因為二元性實驗正在進入尾聲，所有的業力都將轉化成光。換句話說，業力委員會也將緩緩地功成身退。

問：我們在天狼星及昴宿星系會用什麼樣的身體生活呢？

你們在天狼星會使用類海豚或類人形的乙太身體，而你們在昴宿星團上則會使用天使的光體。

問：我聽說第一波集體揚升會發生在 1995 年 4 月 15 日。這是真的嗎？

當天會有非常強烈的能量。這是可能發生第一波集體揚升的時間點，就像 1994 年 12 月 12 日一樣。能量將會非常強，幾乎跟 12:12 次元門戶開啟當天一樣強烈。不過當天並不是最適合第一波集體揚升的時間點，而只是可能的時機。我們不敢保證當天會發生第一波集體揚升。

問：我想學通靈，我該如何開始呢？

首先你要找回自己的星際名字，然後拿一張紙寫下：我是＜自己的本名＞和星際名字。接著你以星際天使之名，開始寫下所有在腦海中湧現的人事物。

一旦你固定練習一段時間之後，就會發現腦中噪音和雜訊變得越來越少，而且收到的訊息變得越來越清楚。當你與內在的天使和靈魂緊密連接之後，就能開始跟我們通訊了。

再過一陣子之後，你只需要在紙上寫下自己的名字。例如：我是克洛特隆。然後輕鬆地寫下自己的想法。沒多久腦海中就會湧現清晰又明確的訊息。這就是你的內在天使與我們合為一體的成果。

一旦心電感應的管道穩定之後，你們就可以開始在生活中印證自己收到的訊息。沒多久你們就不再需要拿紙筆抄抄寫寫，而是隨時隨地跟我們通訊了。

問：時間會怎樣消失呢？

線性時間是二元世界的幻象。這種幻象其實很容易破解。只要停止思考，時間就會靜止，然後消失。你們的認知會跟著改變，接著時間觀念變得越來越淡薄。揚升意味著超越心智世界和線性時間，同時也意味著時空連續體因為合一的擴張而消失不見。目前時間正在收縮，而空間正在擴張。它們將在未來的某一天消失，取而代之的是無所不在的永恆。

問：為什麼我最近感覺非常迷惘，而且很容易發脾氣呢？

你們的情緒體正在進行必要的清理和排毒。因為你的振動頻率變高了，所有壓抑的情緒都會湧上心頭，讓你們可以用愛和感謝排解它們。情緒體的清理和療癒是你們履行神聖任務的準備作業。當你們把情緒整理完畢之後，就可以開始幫忙改善全人類的情緒。

當你們感覺神聖計畫開始因為你們的努力而實現的時候，你們將不再感到迷惘。未來的世界會讓許多人感到無所適從，而你們將會是亂世的中流砥柱、大愛和合一的化身。

你們要隨時做好準備，未來的世界需要你們有效率地執行各項工作。我們不能直接在地表世界展開行動，所以必須透過你們各位執行。你們會收到各種現在著手實現的靈感，而且這些想法都一定會成真。你們要保持覺醒的心境，時間已經不多了。準備好搬遷到光之島，並且過著合一的生活吧。

♥第二部份

問：我們要如何超脫業力法則？

人們依照自己的信條、思想、認知及行為創造了自己的實相。業力不是懲罰法則，甚至不是宇宙平衡法則。

宇宙平衡永遠都是現在式。平衡只關乎你們當下創造的實相，跟過去行為的結果無關。過去和未來只是二元想法造成的幻象。

宇宙萬物都是永恆的合一實相在不同維度的樣貌。你們隨時都可以抉擇將自己的注意力從某件事轉移到別的事情。

你們經常放不下過去的人生經驗，使得自己被憑空想像出來的過去綁死。你們相信自己是罪惡之身。於是你們開始自我批判，然後生活開始變得曲折坎坷，好讓你們償還莫須有的精神債務。

這個世界上只有你可以決定你必須經歷過甚麼樣的人生，而超脫業力的首要步驟就是明白你們才是自己人生的主人。一旦你們了悟自己是聖潔的清白之身，你們就免除了莫須有的精神債務：之後你們就會自然地創造出神聖貞潔的生活，並且領受無盡的神聖恩典。

業力過渡到神聖恩典的過程會一步接著一步發生。開啟星門儀式可以幫助你們更容易下定決心改變，並且幫助自己脫離無意義的苦難。

問：我們如何在男女關係中投入感情又不至於沉溺於愛情？

● 談戀愛的第一步就是愛自己，然後愛的力量會將你帶到跟你特別投緣的人身邊。未來你們每一個人都會是一個揚升漩渦，都是人際關係的新楷模。你們將不再執著於單一狹隘的小圈圈，而是創造出一個能夠成就多元親密關係以及男歡女愛的揚升曼陀羅。人與人之間將不再出現佔有慾、忌妒和糾纏不清的依戀，只剩下日漸加深的真愛。

問：如何進行性療癒的功課？

性療癒的第一步就是你們要用開放的心胸來表達自己的性能量。如果你們想要療癒自己體內壓抑已久的能量，就必須用不設限的心去感受它們，然後有意識地宣洩出來。

性愛分離造成了許多人生活中的痛苦和缺憾。你們可以透過與揚升曼陀羅上的夥伴們一起探索性愛一體的美好，進而將這兩股能量重新整合。

重新合為一體的性愛能量將會昇華成強烈的宇宙之愛，並且從體內的合一脈輪流向全身。這個脈輪就叫做銀河核心輪，位於太陽神經叢中心上方一英寸。它掌管著人類通往合一的銀河進化旅程。

問：我經常看到自己的眉心輪出現一些光亮的形體，而且我常常耳鳴，這代表著什麼事情呢？

你們在轉變到第五維度以上的過程當中，身體的振動頻率會一直增加。這會引發各種症狀。例如：耳鳴、疲倦、身體局部疼痛和發燒。

許多人已經出現了類似的情況。我們建議你們要多與其他人互動，互相加油打氣。至於眉心輪的光暈效應是我們與你們合作的結果。我們利用能量射線啟動你們眉心輪當中的星際代碼。你們的意識水平因而提升，所以能看到眉心輪的各種光暈。

問：你們能看見我們周遭的一舉一動嗎？

我們能感覺到你們的生命脈動，不過我們沒辦法用三維視角看你們的世界。你們得用自由意志邀請我們，讓你我的意識合為一體，我們才能用你們的眼睛觀察地球。這種方式可以讓我們對地球局勢有著更完整的認知。

我們可以判斷你們身體基本的健康狀況，不過我們得經過你們的同意才能檢查你們的身體裡面有哪些具體的症狀。一旦你們同意之後，我們就會掃描出你們體內的能量堵塞、心智模式和現有的振動頻率，進而找出體內的病灶。

如果你們希望痊癒的話，我們可以傳送療癒能量波給你們。我們同時也會調理你們情緒體和心智體的振動頻率。歡迎你們經常跟我們分享你們的想法和生活中發生的大小事，因為與你們談心可以讓我們用更妥善的方式幫助你們。

問：我們該如何籌措光之島的建設資金呢？

一旦你們學會如何完美地實現神聖計畫之後，就會開始經手天文數字的資金。你們之後要學會透過團隊合作來提升你們的振動頻率。二元世界裡面，人與人之間充斥著競爭、衝突和控制。未來你們會發現團結合作才是真正事半功倍，而且充滿喜樂的工作模式。隨後你們會形成一個招財納福的能量磁場，生活中將會發生各式各樣的奇蹟。

問：如何顯化我想要的人事物呢？

首先你們得決定自己想要的東西，接著下定決心要實現自己的願望。一旦內心出現懷疑的時候，就馬上回想起自己的初衷。

第二步就是祈請光之存有及天使。請祂們幫助你們實現願望。記得要用誠摯的心，全神貫注地認真祈禱。

第三步就是帶著喜樂的心情，主動地朝著能夠實現願望的方向行動。如果願望沒有馬上實現的話，就持續重複這三個步驟。畢竟願望顯化的過程在人間經常會出現一些延遲。我們看不到任何阻撓你們成功的因素，因為你們生活在萬事皆可能成真的時代。

32 星光教團

新天堂和新地球清晰可見，舊世界已經不復存在。我已經能看見新耶路撒冷號（阿斯塔指揮官的旗艦）從天而降。

你們好，神聖火花和合一的兒女們。我是克洛特隆·安塔里昂。這裡是阿斯塔指揮部的克洛特隆星際基地。我們和你們一起了解我們是誰，我們從哪裡來，還有我們將來的目的地。

我們先一起回顧星際家庭中核心成員的銀河旅程吧。星際家庭的核心成員是一共144,000名的彩虹之鷹。你我的生活周遭就有許多人是彩虹之鷹。數百萬年前，彩虹之鷹率先透過安星門進入地方標幟區，為星際天使家人們勘查探路。整個星際家族有一千一百萬名光之存有。當時大天使麥達昶在安星門裡面等候著我們，並且告訴我們每一位存有他（她）獨特的神聖使命。我們在祂的陪伴下穿過安星門，穿過由大天使麥達昶身旁五位世界創造者所組成的閃耀五芒星。

我們之後一同降落到昴宿星團的阿加胡星。我們在那裡過著完美合一的美好生活，開創了名為阿爾塔（AITa）的第一代亞特蘭提斯。後來我們的靈魂團體實現了第一次揚升，並且獲得了一個星際稱號：安努塔拉。不久之後，阿加胡星爆炸。星際存有們開始進入宇宙深處，往天狼星前進。天狼星是一個星際中繼站，我們一起在那裡準備要在地球上執行的共同任務。為了學會適應物質世界的生活，我們在海豚王——阿夸拉．阿瓦拉(AQuaLaAWaLa)的指導下，用乙太的海豚身體包覆我們的天使能量身體。我們一起歡喜又愉快地創造了海豚融合漩渦，並且在物質世界中體驗合一。

當任務的時機成熟的時候，大多數的彩虹之鷹前往地球。少數還留在天狼星的彩虹之鷹成立了天狼星蒼穹大會堂，開始參與天狼星系及周圍星區的進化。那些前往地球成立阿斯塔指揮部的彩虹之鷹、木星指揮部和身為核心成員的我們共同形成了鷹之三位一體。

木星指揮部將星際基地蓋在十二顆重要的木星衛星上面，而這十二座基地的位置會相連成一顆十二芒星，能夠將天狼星蒼穹大會堂的愛與光傳送到地球。

我們之中有些人決定在飛船上留守，而你們其中有些人則是決定投生到地球。你們在列穆里亞和亞特蘭提斯時代進駐地球，參與她的進化。在亞特蘭提斯時代的達南王國，也就是現在的愛爾蘭，你們聚在一起接受梅林的教導並且擔任王國的白星祭司團。回想起來，那也是第三次亞特蘭提斯大洪水不久之前的事情了。

一部份投生地球的星際家人決定在大洪水之前撤回昴宿星團，也有些人選擇離開亞特蘭提斯，到東方的亞洲創建新的文明。這個文明正是人類現代文明的祖先。

當剩下的星際家人決定留在亞特蘭提斯，最後一批來自天狼星的存有亦抵達地球之後，大天使麥達昶指示天狼星蒼穹大會堂要在地球上成立星光教團。

許多彩虹之鷹在柯拉登城的海豚聖殿共聚一堂成立星光教團。你們之中許多人當時都在現場，誓言讓二元實驗圓滿落幕。香巴拉的火之主們亦將聖杯轉交給星光教團保管。聖杯是捷克隕石製成的水晶高腳杯，象徵合一的守護者。身為安努塔拉的成員，你們在許多重要的地球歷史場合中擔當合一的守護者，而聖杯也隨著你們的腳步在人間輾轉旅行。

你們在埃及擔任祭司的時候找回了與天狼星的連結，並且在路克索興建了揚升神廟。當喬達摩・悉達多開悟成佛之後，你們陸續出家成為他的弟子。你們當過耶穌的門徒，跟他的十二名使徒一起傳福音。這十二名門徒形成的揚升十二芒星讓耶穌可以重返揚升大師之身，進而向全人類指明揚升的道路。你們當過亞瑟王的騎士，與十二名圓桌騎士們並肩作戰。你們也曾經是西藏的坦陀羅（tantra）

行者，在當地創造了一個讓濕婆（男神）和提毗（女神）合為一體的十二芒星。公元 1911 年，克裡希那穆提讓星光教團重現人間，為即將到來的新亞特蘭提斯開闢了浴火重生的道路。

♥新亞特蘭提斯——新天堂與新地球

第一批揚升的靈魂團體——安努塔拉的成員們陸續投生到象徵新地球脈輪的十二座聖地。

這十二座聖地是薩南達大師再度降臨地球的關鍵地點，也是人類集體意識進行整合的揚升漩渦點。

這些聖地散播著來自揚升大師們以及香巴拉的火之主們的合一能量。它們在地球上形成了揚升十二芒星，同時也是未來的人間天堂——新亞特蘭提斯的預定地。

它們是地球安塔里昂網格的樞紐，而其中六座城市分別是：洛杉磯、紐約、倫敦、日內瓦、慕尼黑和盧比安納。

盧比安納在這十二座聖地當中有著特殊的地位。這座城市是地球的安塔里昂轉化地帶。二元地球上所有的光與闇會在這裡轉化成合一。

歐盟區象徵著二元地球的光明地帶，而波士尼亞戰區則象徵著二元地球的黑暗角落。斯洛維尼亞正好就坐落在這兩股能量交會的中間地帶，因而它有機會可以將它們整合成合一的能量。

斯洛維尼亞是二元性戲劇的最後舞台。這個場地是由銀河聯盟指定，而香巴拉的火之主們將會從旁負責監督。當年香巴拉在波士尼亞戰爭期間就一直守護著斯洛維尼亞，而且在未來也會一直眷顧這塊土地。

未來合一意識波將從斯洛維尼亞逐漸擴展到全世界，而盧比安納就是這股新意識浪潮的中心點。另外傳說中的聖杯未來也會被帶進盧比安納，星光教團的成員們將會在此再度團聚。

盧比安納漩渦點的象徵符號是深藍色的五芒星，這個五芒星同時也是星光教團和香巴拉的世界之王——聖納．庫瑪拉的象徵符號。

當安塔里昂網格大功告成的時候，聖納．庫瑪拉大師將會在漩渦的能量中心點揭示合一新時代的來臨。然後人類將藉助十二芒揚升之星和合一彩虹漩渦的力量開始揚升並且加入我們的行列。

當地球揚升之後，你們的前方將會出現七道機會之門。你們可以成為揚升大師，幫助選擇二元生活的同胞們搬遷到其他星球；亦或以揚升大師的身份在地球上過著合一的新生活。你們可以到阿斯塔指揮部或木星指揮部工作。你們可以前往天狼星蒼穹大會堂，然後加入歐格明兄弟會。你們將在那裡與十二理事會的十二芒星眾一起生活，看著他們代表地方標幟區參與銀河聯盟事務。當然你們也有機會成為銀河聯盟與天狼星周邊文明的互動橋梁。你們也可以前往昴宿星系，與昴宿星的兄弟姊妹們打造比阿加胡星更加璀璨美麗的超級行星。它將成為新的阿爾塔和高維世界的新亞特蘭提斯。你們在這裡將會成為完美無瑕的合一大天使。你們可以前往獵戶座，協助合一能量傳遍整個宇宙。你們甚至可以穿越安之次元門戶，接著以創世主的身份踏上浩瀚無垠的銀河進化之旅。讓你我屏息以待，期盼這些千載難逢的機會能夠早日降臨吧。

33 神聖融合

當時間終結之際，所有星際文明的光之小孩都圍繞著銀河中央太陽，歡喜地跳著神聖螺旋之舞。銀河光之網格正式大功告成。

你們好，親愛的光之兄弟姐妹們。這裡是阿斯塔指揮部母艦『亞瑟神劍號』。

我是阿斯塔．謝蘭。我現在與你們在一起，呼喚著所有的星際家人。

很久很久之前，你們決定進入二元世界。當你們在二元世界裡面找回自我的時候，你們突然感覺到彼此之間的隔閡。這種隔閡使得你們的內心燃起了團聚的渴望。這種渴望是一種磁性吸引力，它能讓你們融入至更深層的合一狀態。這種合一也是太初之際，你們進入二元性世界之前的故鄉。現在是你我團聚的時候了。我們在這裡呼喚所有的星際家人，請他們來到二元世界，一起進入合一的彩虹漩渦。神聖融合是你我的共同目標。因為神聖家族的神聖融合就是進入合一銀河的回家之路。

當你們的生活開始變得渾然忘我，沒有時間觀念的時候，代表神聖融合已經在你們的內在作用。當你們進入禪定的時候，內在的天使之美就會在萬籟俱寂當中發出耀眼的光芒。當你們成為合一存有的時候，你們的合一意識將會擴及到一切萬有。然後你們就會像光的磁力點一樣，閃耀著充滿吸引力的光芒。

一旦你們呼請星際兄弟姐妹們一起融入這個唯一的時空宇宙，神聖融合將會持續作用。你們聲聲呼喚著他們，並且建立起親暱又神聖的友誼。你們呼喚著靈魂家族，並且對家人們敞開心扉，盼望與他們的靈魂及身體合為一體，如同你們曾經在天狼星以海豚身體過著合一的生活。你們呼喚著靈魂伴侶，並且與他們建立起彩虹般美麗動人的深刻感情。最後，你們呼喚著雙生靈魂，並且與他們合而為一。

屆時靈魂家族的每一位成員都會變成光之網格的光之點。這個光之網格不斷地擴展，包圍了整個世界。靈魂的光芒照亮了地球的每個角落，讓它成為一個天堂般的世界。

這裡有一件非常重要的事情。那就是你們要用共同的目標串連起全世界的光之點。每一個人間的靈修團體都是光之點，而揚升就是所有靈修團體在修行道路上的共同目標。揚升是人類完全獲得自由的時刻，所以你們要手牽手，心連心為揚升努力。靈修團體應該達成共識、互相支援、團結一致，並且合力完成各種目標。

你們的奉獻將會讓所有的星際家人們參與神聖融合。你們是地球的合一守護者，有著同心同德的信念，行動起來萬眾一心。團結是將光與愛散播到全世界最有效的方式。身為地球的合一守護者，你們不能同時擁有合一和二元存有的身分。總有一天，你們得決定要在舊世界或新世界裡面生活。每一個世界都有其相對應的運行法則。任何人都沒辦法在新世界裡面用舊世界的法則過活。一旦你們決定進入新世界，就必須放掉所有舊世界的人事物，放掉所有的二元觀念、恐懼、委屈和所有對假象的依賴。

照顧好你們的幸福，別讓不和諧的振動頻率進入你們的生活。現在就做出決定，然後覺醒吧。你們已經不需要再經歷更多的痛苦與折磨了。現在就斷絕一切生活中磨難的根源，細心守護日後發現的幸福。我們正呼喚著你們，趕緊清醒過來吧。

34 地球光網格

當地球光網格完工之際，便是時空終結、萬物歸一的時刻……

你們好，神聖火花和合一兒女們。這裡是阿斯塔指揮部的克洛特隆星際基地。我是克洛特隆．安塔里昂。我們現在與你們在一起，並且準備教你們在全世界打造神聖光網格。

你們的世界正處於集體意識的轉變期。現在有一股來自深層宇宙的巨大能量流正要進入到地球。這股能量將會使得地球上所有的眾生察覺到過去一直都隱藏在暗處的所有人事物，然後你們就可以用愛和包容接納他們。這個過程在你們的世界會形成兩個極端。一方面地球上將出現越來越多合一的奇蹟之光，另一方面二元世界的分離和對立也變得越來越激烈。如果你們問人類是否還能自救，我們會說：救世的答案一直都在。匡正亂世的辦法就是人類拋開國籍、種族的分別心，放下信仰的歧見，然後用至誠的善念和願力來建立地球光網格。你們會在過程中發現：合一的愛逐漸跨越了人與人之間的信仰藩籬。一旦有足夠的人決定利用光幫助地球，你們就會取得改變世局的力量。剛開始你們只能影響身邊的人，但是隨著你們團結的力量越來越強，你們將會大幅改變整個世界，進而幫助地球邁向揚升。

對於想要創造世界光網格的人們而言，三位一體冥想是一個非常簡單又省時的好方法。三個人同意每天或者是一個禮拜找一天一起冥想，一起帶入更多的光來幫助世界。

三人小組固定冥想之後會形成一個能量大三角，並且逐漸將合一帶入人間。組員在冥想當天可以在自己方便的時間進行，而不必三個人同時冥想。因為你們在冥想中要連結的合一世界沒有時空的限制。

如果你們覺得心有餘力的話，你們可以邀請更多人加入三位一體冥想。參與冥想的人數越多，地球周圍的流光物質就越活躍，進而在地表世界形成一個又一個水平的揚升漩渦。

你們在進行三位一體冥想的時候，星光教團的成員們也會加入冥想，給予你們祝福和加持。他們可以接收揚升大師們的能量，並且一起在地球上建立地球光網格。他們創造的垂直揚升漩渦可以連結人間和天界，並且鞏固所有人類創造的光之網格。

由流光形成的世界光網格將會包覆整個地球。任何有心的人都可以參與這項偉大的工作。我們將與你們一起努力，讓光與愛充滿人間。

♥建立地球光網格的三位一體冥想

1 三個人圍成一個三角形。腦袋放空，身體放鬆。

2 全神貫注，讓三個人的身心靈融為一體。感覺自己與另外兩人形成了一個完美的正三角形。每當你們形成完整的三位一體，你們身邊的流光能量場就會跟著增強。

3 觀想你們的三角形化為地球光網格的一部分。

4 觀想光流經正三角形的每一個角。這道光在每個角之間溫和地流動，隨後透過光之網格流入每個人的心田。接著觀想這道光的源頭出現了一個純淨意識場，包圍整個地球。你們的三角形給出的光越多，流經你們身體的光也會越多。這就是光與愛的正面循環。

5 大聲頌念或默念宏願祈禱文，讓你們的三角形與揚升大師們的世界產生共鳴

♥宏願祈禱文

願神聖意識的神聖之光從光之點照耀眾生的想法。讓聖光降臨地球。

願神聖之心的神聖之愛從愛之點溫暖眾生的心房。讓基督重返地球。

願揚升大師知曉並服務的神聖意志在中土世界指引渺小的人類。

願愛與光的神聖計畫在人類居住的中土世界實現。封印一切邪惡法門。

讓聖光、宇宙之愛和大能重現地球的神聖計畫。

35 梅爾卡巴 I

揚升就是實相系統進行轉變的過程。你們在三維實相系統當中利用肉身做為意識的載具，而你們在未來的實相系統當中的意識載具將會改成梅爾卡巴，也就是跨維度的光體。不論是三維或是五維以

上的世界，這種光之身體可以讓你們自由地穿梭各種維度。

梅爾卡巴是一種介於乙太和物質的載體，它與神聖火花所在的第七維度直接相連。第七維度的載體又叫做原子體。所有在地球上展開進化旅程的人類都必須經歷覺醒然後進行原子體的修行，而星際人類們則是只需要重新啟動自身原有的原子體。

很久很久以前，星際天使團駕著祂們的烈火戰車降臨地球的姆大陸。當時的你們居住在一個離大溪地和復活節島非常近的光之城。復活節島以前又叫做拉帕努伊島。那裡就是傳說中的伊甸園，而失樂園的故事真相其實就是指星際人類們降低自身的振動頻率，從此區分成男女兩種性別。

人類與原子體的連結在亞特蘭提斯時代被植入物中斷了。現在該是時候讓星際人類們重新建立這道神聖的連結，並且重新啟動他們的梅爾卡巴了。

如果你們想要啟動自己的梅爾卡巴，你們得先將自身的情緒清理乾淨，並且整合自己的內在天使。接著你們將會開啟合一之眼，讓內在天使意識不斷地擴張直到與自己的意念合而為一。

你們的內在天使將會以合一之眼為家，接著產生出一個諧振場。這個諧振場可以提升三維肉身和四維星光體和心智體的振動頻率。你們可以藉由觀想的方式為自己準備心智型式的梅爾卡巴。這個梅爾卡巴將會替你們在腦海裡吸引神聖火花意識。

當你們修煉到三階啟蒙的時候，內在的天使意識會完全穩定下來。神聖火花的原子體也會透過心智型式的梅爾卡巴影響乙太體和肉體。隨著你們與神聖火花的連結越來越穩固，你們肉身的振動頻率將會逐漸提升至第五維度。然後你們的 DNA 就會從雙股螺旋突變成十二股螺旋。

當你們開始揚升的時候，神聖火花會將肉體的振動頻率，使其可以與乙太體合為一體。這個新身體就是你們的跨維度光體，你們可以利用這個超時空載體任意前往不同的維度世界。接著你們就可以利用次元門戶前往無數的星系。換句話說，你們的梅爾卡巴就是為你們量身打造的星際飛船和星際基地。

♥盧克索能量點和 11：11 次元門戶穿越之旅

人類的神聖火花意識位於體內的合一之心。合一之心是人體心臟中一個名為盧克索之點的奇特穴位。這個穴位是人體神廟中最重要的一座聖壇，因為它是超越時空的太虛之境，也是新天堂和新地球的連結樞紐，更是三種火焰的神聖火盃。這三種火焰分別是神聖意志的藍色火焰、神聖之愛的玫瑰火焰以及神聖之光的金色火焰。

盧克索之點所散發的愛會形成一個飛碟狀的流光電引力場。流光射線以光速繞著盧克索之點旋轉，讓肉身的振動頻率逐漸提升到乙太層次，進而讓人們可以進行跨維度旅行並且透過 11:11 次元門戶進入合一的螺旋。

11:11 次元門戶所帶來的轉變源自於已經開啟的第一道星門。這道星門讓宇宙流光可以在地球上錨定並且形成新的實相，而第二道星門則是讓對立極性開始融合。這個過程又叫做三角合一。

地球在第三道星門開啟之前，也就是在 1995 年至 1996 年之間會開始進入光子帶。光子帶是一條位於昴宿六周圍，幅圍橫跨五維至七維的流光能量帶。這股光與愛的強烈能量只會有一小部份會以光子的形式進入地球，所以不會造成傳聞中的黑暗六日浩劫。不過這股能量還是會對地球上的電力系統造成一些混亂。光子帶對地球最大的好處就是它可以啟動梅爾卡巴，讓揚升變得更加容易。

11:11 次元門戶的第三道星門在 1997 年開啟，並且加快了人類宇宙意識的形成。1999 年 8 月 11 日開啟的第四道星門才是 11:11 光環之旅的轉捩點，請大家別把它跟光子帶混為一談。

光之環來自於銀河中央太陽，它可以開啟星球的梅爾卡巴並且讓地球揚升，最後促成兩個星際家族的大團圓：生活在星際飛船上的嗡家族和選擇進入地球輪迴轉世的安家族。

地球在揚升之後，我們的太陽系也會發生很大的改變。地球將會取代木星的地位，成為太陽系中最大顆的愛之行星，而木星則會升格成為新的太陽。星際家族在經歷這場轉變之後，就可以透過安星門進入合一的銀河進化旅程。屆時我們將攜手合作，在這個銀河系和其他鄰近的銀河系建立銀河光網格。M 31 仙女座星系是本星系群的中央星系，那裡的星際家人們已經成功地建立起該星系的銀河光網格。到時候他們也會前來幫助我們。另外一個選項就是穿過銀河中央太陽，進入不生不滅的涅槃之境——宇宙太虛之心。

36 梅爾卡巴 II

一旦你們啟動了梅爾卡巴，你們生活的實相系統也會跟著改變。實相系統的改變將會連帶使你們的生活中出現許多變化。梅爾卡巴是你們在地球上能學到的最後法門，其餘後續的靈性課程都得由揚升大師們親自授課。你們的意識水平在梅爾卡巴啟動的剎那就會出現量子跳躍，接著提升至揚升大師的境界。這種意識水平的轉變會在一瞬間完成，因為宇宙有著電光火石的量子特性。

量子躍進是宇宙萬物得以進化的原動力。當實體世界的生物因為意識轉變而發生基因突變的時候，量子躍進也會跟著發生。地球在新舊意識的轉換期間會陷入短暫的亂世，而亂世正是你們呼喚救贖的良機。

現在事情的進展變得十分迅速，再加上時空連續體的轉變，凡事都已經是瞬息萬變的狀態。線性時間是二元頭腦的產物。當你們心神入定，忘卻時間的時候，任何事情都可以在一瞬間發生。

一旦你們開啟梅爾卡巴之後，首先會體驗到意識的量子躍進。你們的心境將因為量子躍進而在電光火石之間，在神遊太虛之間飛升。開悟總是在靜寂禪定中發生。

當你們啟動梅爾卡巴的時候，你們會開始看見合一螺旋的事物。你們開始看得見阿斯塔指揮部的星際飛船。當你們將意識聚焦於虛空，而不拘泥於物體和能量的時候，你們就逐漸能會看見無形的世界，例如乙太層及星光層的世界。無邊無際的彩虹流光將會出現在你們的眼前。

當梅爾卡巴開啟的時候，心輪也會跟著開啟並且轉化成合一之心。一旦你們獲得合一之心，你們將感受到無時無刻，無所不在的大愛。隨後你們就能學會利用光與愛治癒蒼生的神通能力。到時候地球上將出現無數的醫學奇蹟。

當你們開啟合一之心以後，就會有身體懸空的能力。一旦肉身的振動頻率越來越接近乙太體的振動頻率，它就會變得越來越輕，以致於能懸浮在空中。

乙太體的重量大概為0.1克，不過你們可以利用梅爾卡巴的反重力電磁場抵消自己的體重。換句話說，你們可以在水面上行走，可以在空中漂浮或飛翔，甚至可以前往高維度的世界。

你們在通過四階啟蒙之後，你們的身體就會保持懸空的狀態。當你們開啟梅爾卡巴之後，你們還可以獲得心想事成的能力。為了能夠真正精通這項能力，你們得先開啟身體的銀河核心輪並且清除該脈輪上的負面植入物。負面植入物是一種乙太形式的晶體，它會阻礙人體內脈輪能量的流動。

梅爾卡巴是一個跨維度光體，而梅爾卡巴的橢圓形部份是乙太結構的光體。開啟梅爾卡巴的首要步驟就是在腦海中觀想這個橢圓形，讓它能自行出現在乙太體。一旦我們在腦海中刻劃出梅爾卡巴的意象，乙太物質就會在意象周圍聚集並且形成一個乙太型式的梅爾卡巴。

如果我們一開始沒有時常補強乙太梅爾卡巴的能量，它就會逐漸消散。當乙太梅爾卡巴夠穩定的時候，它就會開始汲取橢圓形原子體的合一能量。我們在這個階段的修行是為了建立四個身體與原子體之間的連結（原子體具有顯化願望和意念具象化的能力），並且在心智體周圍建立一個乙太矩陣。我們接著可以開啟一個彩虹漩渦，把與漩渦振動相符的原子吸進乙太矩陣。然後我們把這些原子形塑成乙太層面的願望清單，再放進梅爾卡巴周圍的橢圓形力場。這個橢圓形力場是一個加速顯化的能量場，又叫做漩渦加持場。

當我們開始轉動漩渦加持場的時候，我們的願望就會開始在實體世界顯化。當光體以愛的頻率進行等光速運動的時候，它的周圍就會形成一個飛碟狀的電引力諧振場。這個光與愛的飛碟可以讓我們進入五維世界。

當投生地球的星際人類與生活在飛船中的星際家人在合一螺旋中團聚，當你我的梅爾卡巴與阿斯塔指揮部的艦隊合而為一之際，我們的能量場將會向外擴張，進入由五維十二芒星所形成的光之聖域。

當神聖火花的原子體與肉體大腦的連結完全覺醒之後，你們就會逐漸學會將意念具象化的能力。一旦你們將梅爾卡巴修行到爐火純青的境界，就可以同時在好幾個地方現身。

梅爾卡巴是跨維度的身體。如果一個人從五維投射一個點到三維，從三維世界看起來就會變成許多個點。三維世界的影子是二維的平面，而五維物體的投影是三維世界的立體。

我們與自己的雙生靈魂共同屬於一個五維的永恆原子。這個原子在實體世界幻化成兩具肉身。換句話說：我們可以用光體投射出好幾具在三維世界生活的肉身。

你們的飲食習慣在梅爾卡巴的修行過程中也會跟著大幅改變。重鹹油膩的食物會變成修行的負擔。如果你們還在吃肉的話，請盡量逐漸改吃清淡的素食（不用強迫自己明天就開始吃全素）。慢慢地，你們就再也不需要吃任何東西，而是直接從太陽吸收乙太能量精華。最後你們將融入合一，開始以太初真氣涵養道體。

另外還有一件非常重要的事情，就是淨化你們的飲食。地球上的食材的能量汙染相當嚴重。你們可以用紫羅蘭火焰淨化你們的每一餐，並且在用餐前以薩南達大師之名進行感恩祝禱。

你們在通過三階啟蒙之後會變得非常敏感。這時候的你們必須維護自己肉身和周遭環境的振動頻率。一旦你們的振動頻率遠高於一般人的時候，你們會對環境形成強大的靈壓。這股靈壓會讓你們變成吸引週遭黑暗眾生的磁鐵。你們散發的光越多，就會吸引越多渴望超渡的孤魂野鬼。你們在這個時候就要經常淨化自己的居家環境並且用薰香進行空間加持。

♥梅爾卡巴集體開啟儀式

梅爾卡巴可以對外擴張成靈魂家族、靈魂伴侶和雙生靈魂之間的集體親密關係，或者是進一步地形成遍佈全世界的光之島。集體梅爾卡巴就像是一座星際基地，承載著靈魂家族、靈魂伴侶和雙生靈魂。這座星際基地的核心則是由 144 名光之存有組成的十二芒星。

靈魂團體的成員們在揚升漩渦中團聚並且結合。他們透過結合彼此的光體和肉體來開啟世界各地的揚升漩渦。靈魂融合有垂直和水平整合兩種形式。前者指的是個人與本身的光體結合為一，而後者則是個人整合進入團體的合一。靈魂合一代表靈魂在各種維度都處於完美的調和狀態。這象徵著天堂與地球之間的神聖結合，對立極性化整合一，也是靈性（原子體）和物質（肉身）的結合。

梅爾卡巴的集體啟動儀式至少需要三個人聚在一起才能進行。我們建議參與啟動儀式的人至少有一名男性和兩名以上的女性。

揚升漩渦是地球上的能量聖地，同時也是人類通往新世界的大門。由於時空物質會在漩渦中擴張和收縮，加上漩渦內帶有救贖的能量，所以 11:11 次元門戶在這些漩渦內可以在預定的時間之前提早開啟。揚升漩渦的天使們掌管著漩渦內救贖過程。這些天使又叫做火之天使。這些天使們會使用救贖電火轉化並且移除人體內的負面植入物。祂們協助人類進行個人和集體梅爾卡巴的啟動儀式。祂們也會在合一世界加快靈修團體的修行進度，讓他們可以盡快達成集體揚升。祂們就像駕著大寶法船的船夫，能將靈修團體的所有人都渡往彼岸的合一螺旋。

執掌盧比安納揚升漩渦的火之天使們在星際語言中被稱為愛歐娜・塔安（IonaTaAn）。聖納・庫馬拉大師也會利用這個漩渦傳遞救贖的能量。11:11 次元門戶的第一道星門開啟之後，愛歐娜・塔安就進駐在盧比安納的市中心。

梅爾卡巴的個人開啟法門是由揚升大師——鐵胡提．貝（TehutiBey）傳授。他的十二位門徒創造了一個揚升十二芒星，讓梅爾卡巴的知識可以變得更加普及。

♥梅爾卡巴集體啟動冥想

整套梅爾卡巴啟動法門只能用口頭或是心電感應傳授。啟動法門的第一部分在此特地以文字記錄，幫助更多修道者們在揚升道路上剛勇精進。

1 觀想揚升大師降臨自己的頭頂上。大師的乙太身體閃閃發光，雙腳輕柔地觸碰到自己的頭。

2 將自己的意識往上提，讓自己跟大師合為一體。觀想自己就是慈悲睿智的揚升大師。

3 現在身為揚升大師的你，逐漸將意識帶回身體。觀想自己的肉體隨著乙太光體的振動，發出耀眼的光芒。同時唱頌神聖咒音：OM，讓咒音的振動傳遍全身。如果你知道自己的星際名字，就大聲念出來吧。

4 觀想自己雙眼、雙耳和鼻孔散發著閃亮的帶電藍光。這一道藍光形成了一個磁引力場，呼喚著自己的天使臨在。

5 雙手在胸前交叉。左手在上，右手貼在心臟的位置。觀想心中有一股溫柔的暖流，逐漸朝全身擴散。同時唱頌咒音：Ka（音同：咖），讓咒音的振動傳遍全身。

6 雙手平舉過頭，呈倒M型，將暖流傳導至全身。同時唱頌咒音：Lam（音同：拉嗯），讓咒音的振動傳遍全身。

7 雙手平放在頭上。觀想自己的正上方有一座星際基地。星際基地朝著正下方發送一道明亮的揚升光柱到達你的頭頂。同時唱頌咒音：Ana（音同：阿那），讓咒音的振動傳遍全身。

8 雙手緩緩放下，將揚升光柱往下帶到雙腳。觀想光柱成為一個橢圓型的明亮光球，緊密包圍住自己的身體。同時唱頌咒音：On（音同：嗡）讓咒音的振動傳遍全身。

9 召喚紫羅蘭火焰從天而降，以逆時針方向通過自己的身體，徹底地清理自己的梅爾卡巴（明亮的橢圓光球）

37 梅爾卡巴 III

所有梅爾卡巴的相關知識都來自於大天使麥達昶。祂利用星際光之語向地球傳遞這些神聖知識。這種光之語所形成的和諧光之脈衝首先會穿過埃及的大金字塔，然後傳送到地球上的十二座聖地。未來這十二座聖地就會是地球的揚升十二芒星。

梅爾卡巴的神聖知識在這個時期至關重要，因為它是人類建立光之島的墊腳石。光之島是個人和集體光體的對外延伸。未來揚升團隊中將會出現前所未見的互動模式。這些親密的人際關係將會把人類的意識帶往更高的維度，進而讓光之島逐步地在地球上開花結果。

靈魂家族的集體融合將會在地球上形成五維流光能量場，而靈魂伴侶之間的深厚感情則會形成六維的宇宙愛之場域。最後雙生靈魂將在地球上合而為一，讓人間出現直通七維的宇宙合一聖域。

靈魂之間的跨維度融合將會形成一個揚升漩渦。這個漩渦是一個振動緩衝區，讓地球可以平順地從三維轉變到更高維度的世界。揚升漩渦也可以讓五維到七維的實相在實體世界中顯化，進而讓地球上出現光之島並且促成集體揚升。

大多數的光之島會在第一波集體揚升潮以後成立，而第一波集體揚升潮則會在地球進入超光子帶之前正式展開。因此未來地球上的光之島都會得到超光子帶的能量加持。

未來光之島將會承擔第二波和第三波集體揚升的籌備工作。人們將會在這些新社區學到所有揚升必須的準備事項。各種資訊媒體也會在光之島將關於揚升以及進入合一新世界的訊息傳遞到全世界的每一個角落。當第一波揚升志願者回到地球之後，地球人就可以與新科揚升大師們一同生活、學習和成長。

除了集體揚升潮以外，地表和天空的星際家族們也會開始大團圓。阿斯塔指揮部的乙太星際基地將會降落在光之島上，並且在某些場合以肉眼能夠看見的方式現形。

光之島的居民們將會在日常生活中展現合一意識所散發的真愛。人們的肉體和靈魂也將會在光之島中進行個別和集體的修復工作。透過先進的乙太醫療科技和靈療技術，人們將會獲得如同神蹟般的醫療照護；甚至可以讓亡者死而復生。

光之島的居民們會透過修煉銀河合一坦陀羅（tantra），逐漸進入越來越深層的合一。科學家們將會開始鑽研物質振波科學，深入發掘宇宙的奧秘。藝術家們將可以利用流光創作出跨維度的精美作品。工程師們會開始用乙太物質（普拉納）為光之島提供源源不絕的免費能源。總而言之，光之島將會是遍佈新地球的模範社區。

♥梅爾卡巴和顯化過程

梅爾卡巴其中一個最重要的功用就是讓顯化變得更加容易。

梅爾卡巴的橢圓區塊是屬於合一的新實相。如果你們觀想各種美好的願景並且把他們放進橢圓區塊內部的合一世界，它們就會先在心智層成形。一旦你們誠心感謝有夢想的自己，梅爾卡巴的電引力場就會賦予這些夢想能量上的加持；讓它們短時間內在你們的生活中實現。

你們只需要持之以恆地放下所有跟合一世界無關的人事物，就可以將二元的心境轉換成合一。漸漸地，你們的梅爾卡巴會散發出繽紛絢麗的彩虹光芒並且帶給你們多彩多姿的美好生活。

二元性是人類腦袋的產物。一旦你們學會讓自己脫離自身想法的小框框，所有的侷限性想法都會慢慢地消失。一旦這些想法都消失殆盡之後，你們就能擁有一個煥然一新的人生。

有一種辦法可以幫助你們擺脫想法的限制：你們可以反覆寫下某件事情的肯定語和否定語。當你們重覆這個動作一段時間之後，思緒就會回歸清澄的狀態，只剩下合一的存在。

如果你們對所有的想法進行整合，你們就會成為合一的化身。這個超越二元想法的過程就叫做三角合一靜心。這套清理技巧是大天使——麥達昶送給星際家人們的禮物。

金字塔是梅爾卡巴的象徵符號，也是幫助地球進入合一世界的功能性建築。它的建築結構可以開啟跨維度的能量通道，並且加速地球的三角合一淨化。

梅爾卡巴的知識傳授到此告一段落。我們會一直與你們同在。

♥利用梅爾卡巴冥想與自己的靈魂家族交流

1 首先強化自己的信心。相信自己一定能與靈魂家族、靈魂伴侶及雙生靈魂團聚。

2 觀想一個色澤明亮，造型橢圓的梅爾卡巴包圍自己的身體，看著它細分成三層同心的橢圓形。

3 觀想七彩繽紛的流光開始逐層填滿自己的梅爾卡巴——內圈的橢圓形用振動頻率極高的七維流光，中間的橢圓形用六維流光，外圈的橢圓形用五維流光。三個橢圓形形成了三股能量超高，但頻率不太一樣的振波。

4 觀想一道流光光柱從天而降，穿過自己的梅爾卡巴，直達地心。這道光柱可以穩固三層橢圓形的振動頻率，同時也是呼喚靈魂家族的超時空信標。

5 觀想自己的雙生靈魂進入內圈橢圓形，靈魂伴侶進入中間橢圓形，靈魂家族進入外圈橢圓形。讓自己盡情地表達對靈魂家人們的思念之情，因為你們當下對我們的情感是神聖且不可侵犯的。透過這個冥想，你們將可以探索你們與美善靈魂們共享的高維世界。你們對這場心智層面的神聖團圓心懷無限的感激，而這份感恩心將會在某一天讓你們與靈魂家人進行面對面的親密互動。

你們隨時都可以重複進行這套冥想，讓自己的光體保持極高的振動頻率。祝你們好運！

38 轉化能量漩渦

在宇宙的轉變時刻，能量漩渦逐漸現形。銀河守護者們齊聲讚嘆，並且看著銀河系進入聖光的懷抱……

你們好，燦爛的合一子女們。這裡是阿斯塔指揮部母艦——亞瑟神劍號。今天我們想跟你們談論關於轉化能量漩渦。梅爾卡巴是安塔里昂轉換的雙螺旋漩渦，它有下列幾種的顯化形式：

對於一個人的光體而言，梅爾卡巴是內在和外在世界的出入口。每個人的梅爾卡巴都與地球光網格相連，而且可以透過流光型態生成場改變實相系統。三維的二元世界就像是被鑽孔的水泥磚一樣，逐漸消失。安塔里昂轉換正中央的 12:21 轉折點是神聖臨在的永恆原子。這個原子帶有完美世界原型的星際代碼。

永恆原子透過軸線的自旋形成時間和空間。12:21 周圍的磁場會生成一個五維通往六維流光世界的能量漩渦。這個漩渦也是物質／精神界之間的來回通道。

身為神聖的化身，我們可以透過 12:21 轉折點創造完美的生活，也可以利用時空門戶進出不同的維度世界、星門和實相系統。

梅爾卡巴之於一群人的光體：揚升團隊就是遍佈世界各地的能量漩渦。人們透過團隊活動走上揚升的旅程。如果揚升團隊經歷過 11:11 次元門戶的第一道星門，這些團隊的使命就是療癒和填補人神之間的隔閡並且與揚升存有們進行能量和心靈層面的交流。

如果揚升團隊經歷過 11:11 次元門戶的第二道星門，這些團隊的使命就是療癒人類社會的性愛分離。除了跟揚升存有的溝通交流，這些團隊也會與親朋好友們組成揚升曼陀羅，共同體驗集體融合。

如果揚升團隊經歷過 11:11 次元門戶的第三道星門洗禮，這些團隊將會以覺醒的梅爾卡巴創建光之島社區。揚升大師們屆時也會加入並且給予指導。

梅爾卡巴之於光飛船：飛碟和母艦是光之存有們集體意識的外在化身。

梅爾卡巴之於行星能量光點：能量聖地是行星的脈輪。它們是行星光網格的能量漩渦、傳送門和不同實相系統的出入口。

新地球將會有12個脈輪，而這12個能量聖地又分別與12星座連動。新地球的脈輪聖地在1995年11月11日開始覺醒，接著在同年12月21日活化，最後在1996年1月11日復甦。地球的梅爾卡巴在那一年開始甦醒，並且讓地球光網格準備在1996年10-12月進入光子帶主區域。

梅爾卡巴之於恆星系：絕大多數的行星分佈在五維通往六維的交會地帶。它們是恆星系進行安塔里昂轉換的轉化能量漩渦。行星是恆星系的轉化能量點。星系透過行星提升它的意識水平。恆星系的主星是通往高維合一螺旋的過渡區域。聯星和多星系統是恆星系的揚升曼陀羅。恆星們透過曼陀羅一起進化，一起揚升。

梅爾卡巴之於球狀星團：球狀星團是銀河系的脈輪和能量漩渦點。銀河系透過這些能量點逐步進化到更高的銀河合一境界。

梅爾卡巴之於銀河系：銀河系是梅爾卡巴的完全體。所有的銀河系在星系群中經歷銀河揚升。銀河系的揚升會在一個宇宙循環中大功告成，屆時所有的銀河系都將合而為一。

39 揚升曼陀羅

我們在此呼喚雙生靈魂、靈魂伴侶及靈魂家族，並且一同揚升進入到新的世界。

你們好，神聖存有們。這裡是阿斯塔指揮部母船『亞瑟神劍號』。我是阿斯塔．謝蘭。今天我們將談論關於揚升曼陀羅的奧秘。

合一的能量正透過揚升漩渦進入地球，而揚升團隊則負責把這股能量傳遞給社會大眾。揚升漩渦則可以將揚升的訊息廣為流傳，讓世人廣為週知。

一旦星際人類的神聖火花決定要揚升，他們就會啟動揚升漩渦。決定揚升意味著：你們將盡全力地提升自己的振動頻率，而不是被動地等待未來的集體揚升。在集體揚升正式展開之前，你們的振動頻率越高，對地球揚升工作的貢獻也就越大。換句話說，屆時就能有更多的眾生在第三波集體揚升的時候獲得救贖。

靈性啟蒙是一套提升振動頻率的法門。一階啟蒙是為了穩定你們的振動頻率，讓你們可以保持與自身靈魂和內在天使的互動。二階啟蒙則是淨化你們的星光體，讓你們練就八風吹不動的無染心境。你們過去有好幾世的修行都停留在一、二階打轉，但是現在你們只需要用一、兩年的時間專注修練伊普撒魯坦陀羅（tantra）瑜珈就能更上一層樓了。

當你們修煉到三階啟蒙的時候，你們就可以穩定心智體的振動頻率，進而練就明鏡止水、煩惱不生的自在境界。一旦你們通過了三階啟蒙，就要開始進行肉體、情緒體和心智體的終極淨化試煉。試煉的第一關是清理你們的自由選擇意志。你們將通過救贖電火的洗禮。救贖電火會深化靈魂的神聖宇宙意識，並且讓靈魂逐漸融入神聖恩典法則。換句話說，你們從此便正式踏上了揚升之路。

當你們修煉到四階啟蒙的時候，淨化的工作都已經圓滿完成。你們將放下最後一丁點的習氣和批判心，從而斬斷所有的無明和苦惱。屆時你們將成為光與愛的化身。

當你們修煉到五階啟蒙的時候，你們已經徹底精通了時間、空間和物質的奧秘並且達成了你們的修行目標——成為慈悲而且睿智的揚升大師。

集體修行可以大幅加快揚升的進度。如果修行夥伴們可以結合男性和女性能量，那麼你們的修煉更是可以有事半功倍的效果。女性能量是招引救贖的磁性能量，而男性能量則是展開救贖的帶電能量。人類的救贖需要這兩股能量同時運作才能發生。

當修行夥伴們同時前往下一個修行階段的時候，你們的集體意識就會發生量子跳躍。量子跳躍指的是意識的瞬間提升，而它就是宇宙進化的原動力。地球在新舊意識的轉變期間會出現一段亂世，而亂世其實是你們尋求救贖的契機。

當量子跳躍發生的時候，你們的意識水平就會在一瞬間內大幅提升。集體揚升潮則是規模更大的量子跳躍。許多眾生會因而在一瞬間通過許多啟蒙階段。當你們不再關注時間，任何事情都可能在一瞬間發生。你們都是揚升存有，只是你們還不相信罷了。由於時空結構的改變，地球上的各項進展都會變得越來越快。

揚升其實就是清除零式植入物的過程。你們進入二元世界之後，第一個得接受的能量關隘就是零式植入物。一旦你們清除了零式植入物，你們就會揚升。

星星小孩們是一群在25,800年前開始投生到地球的星際存有。他們的靈魂接受過一種非常特別的植入技術，因而他們可以在地球上形成一個揚升曼陀羅。

所有揚升曼陀羅內的星際人類都有一部份完全不受負面植入物干擾的意識空間。當它們遇見彼此的時候，他們體內的植入物就會被接連關閉，前世記憶也會逐漸恢復。這種連鎖反應在靈魂伴侶和雙生靈魂之間會特別強烈。

如果連鎖反應沒有達到一定的臨界質量，它就會自動停止。反之則會以極快的速度達成曼陀羅上所有成員的集體揚升。這種集體揚升對所有地球上的星際家人都有無比深遠的影響力，而且能夠形成地球集體揚升潮的重要跳板。

揚升曼陀羅是由天狼星蒼穹大會堂透過星光教團引進地球。這場意識實驗的目的是為了幫助地球揚升並且加速療癒銀河系的黑暗。

揚升曼陀羅在成立的過程當中會散發出能夠療癒黑暗的大愛諧振場。黑暗勢力的成員們深信自己失去了迫切需要的愛。它們的無助和絕望使它們只看得見全然黑暗的世界。許多人對它們的批鬥和仇視更加深了它們天生為惡的想法和信念。

從高維的角度來看，黑暗並不存在，世界上亦不存在所謂的黑暗勢力。

所有的眾生都只是在二元實驗劇中扮演著不同的角色。你們可以試著不批判他們的所作所為，並且用大愛給予他們包容和寬恕。

他們當中會有許多人在集體揚升潮中找到解脫的出路，因為集體揚升潮是為所有眾生、所有光之兒女們安排的無條件救贖。

40 坦陀羅（tantra）融合

當我們在城堡上相擁，而我為妳那頭秀麗無比的金髮舉杯陶醉之際，天上將出現特別的預兆，指明你我未來的歲月。

你們好，我們的天堂朋友們。這裡是阿斯塔指揮部的母船『亞瑟神劍號』。

我是阿斯塔・謝蘭。今天我們要教你們：如何透過坦陀羅（tantra）融合替自己的揚升做好準備。

一旦你們逐漸將意識層次修煉到大師的境界，你們的身體就會開始進行坦陀羅（tantra）融合。換句話說，你們正在與自己內在原型（inner archetypes）、內在女性、內在男性和內在小孩合為一體。

如果你們想要成為人間的星際天使，其中一個可行的辦法就是連結自己的內在小孩，並且活出天真無邪的生活。你們也可以連結自己的內在女性和內在男性，讓他們教你們散發獨一無二的美麗。

如果你們想聯結自己的內在女性和內在男性，雙生靈魂連結冥想會是最有效的方法。當你們內在的女性和男性達到完美的陰陽平衡並且合而為一的時候，你們就可以邂逅自己的雙生靈魂以及其他與你們的心境共鳴的異性伴侶。你們與孩子之間的互動可以喚醒自己的內在小孩。希望你們一生當中都有這些真善美的存有一路相伴。

一旦你們決定要揚升而且在修行的過程中絕不妥協，那麼揚升的道路將會是一條平穩而且壯闊的康莊大道。一個篤定要揚升的人會堅持每天冥想，而且會盡其所能地提升自己的振動頻率。如果你們想要成為第一波集體揚升的人類，加入揚升團隊會是一個很好的做法。因為揚升團隊可以大幅加速每個人揚升的進度。另外你們也可以透過現有的靈性法門來啟動自己的梅爾卡巴光體。現在提升振動頻率最有效的練習方式就是伊普撒魯坦陀羅（tantra）瑜珈(Ipsalutantra)

▲譯註：伊普撒魯坦陀羅（tantra）瑜珈是一門漸進式的亢達里尼修煉法門。修行內容包括呼吸練習、禪定和瑜珈動作。這種坦陀羅（tantra）瑜珈不涉及男女性行為。Ipsalu 的意思的超越人欲，

所以這種瑜珈也可以理解為超欲坦陀羅（tantra）瑜珈。

如果你們在揚升的修行過程中心猿意馬、敷衍了事的話，你們就會陷入所謂的魔考。魔考的出現代表你們在二元和合一世界之間搖擺不定，而且缺乏精進的決心。不論你們當下的處境、體制、工作、學校、家庭、伴侶、朋友或是熟人是如何又如何，願你們都能堅持往合一剛勇精進。

當你們對週遭環境甚至是對自己不再委曲求全，並且堅持要進入合一的時候，魔考就會在短時間內消退。你們的決心越堅定，你們的人生就會有越多的喜樂。願合一的揚升彩虹高掛天際，指引你們通往前方的道路。

♥豐盛意識

豐盛是合一意識的自然狀態。一旦你們的意識與自身的天使意識相結合，並且努力活出內在之美，自然就能回歸豐盛的生活。生活中每一個內在美流露的時刻都是關鍵，其他的事情只是抉擇造成的結果。富足的口袋只需要你們的天使能量可以順暢無阻地流動，阻擋它的去路就是阻擋自己的財路。貧窮的腦袋是三維世界的現象，也是現代社會控制體系透過媒體維持的意識監獄。換句話說，貧窮是人為造成的產物。在二元世界裡面，受害者情結和加害人心態是同時存在的。人們要是不當黑心商人，就只能當待宰的肥羊。做自己想做的事情等於無緣過豐盛的生活。更何況，整個社會的振動頻率甚至比社會大眾還要低。唯一的解決辦法就是跳脫二元觀念的限制，並且放掉所有跟天使能量無關的欲望。回歸豐盛的重點就是：做人處事盡量不要受二元觀念的影響，並且相信自己可以過著自給自足的生活。沒有這樣的願景，就沒有豐盛。

揚升團隊將來會成為財富的分配管道。揚升大師們計畫讓團隊成員們經手鉅額的財富，用來建設世界各地的光之島以及籌備地球揚升計畫。揚升團隊將會是正式註冊的組織。註冊的目的是方便團隊與二元舊世界進行互動，並且讓世界各地的揚升團隊成為全世界的經濟棟樑。屆時苛捐雜稅的剝削經濟將不復存在。由揚升大師們規劃和管理的全球金融系統將會為所有在揚升之路的人們帶來無限喜樂的豐盛生活。

一旦你們開始實踐自己的神聖使命，你們每一天的生活都會是無比充實，不虞匱乏。生活中所有大小事的振動頻率都是至關重要的。你們可以選擇對生命麻木不仁、擔憂害怕，也可以選擇幸福喜樂地度過每一天。工作的振動頻率越高，報酬就更高。當你們隨著地球光網格提升振動頻率，而且生活起居都離不開地球光網格的時候，你們就會是豐盛的化身。

♥顯化法則三步驟

▼第一步：做出抉擇

你們都是神聖存有。你們可以透過抉擇實現自己想過的生活，而你們確信和關注的人事物，都會主動出現在你們的生活。任何人事物只要你們越是去想，顯化的頻率就越頻繁。好比說，如果你們一直想著自己缺乏某種東西，那麼匱乏只會越來越明顯。你們的抉擇決定了你們關心的事情。想法越清晰，顯化的過程就順利。

你們可以經常用三角合一靜心整理自己的思緒。你們可以決定自己相信的事情，不過這些事情要跟你們內心世界期盼的相吻合才會真實發生。不管外面是一個什麼樣的世界，你們都要堅持相信自己的抉擇。你們生活中發生和出現過的人事物其實都是你們過去的抉擇，也就是你們曾經關心過和相信過的一切。任何想法在合一世界裡面都會一瞬間顯化成事實，不過在二元世界就需要花一點時間。抉擇可以幫助你們專注於你們想要創造的生活。當你們決定要享有豐盛的人生，你們可以將注意力放在生活中不虞匱乏的一面，為自己的抉擇加油打氣。

▼第二步：請求或祈請

你們一旦下定決心之後，就可以請求揚升大師提供協助。抉擇是心智體的力量，而請求協助是發自內心和情緒體的力量。不論是什麼樣的願望，你們都一定可以完整地實現。顯化就是實現願望的過程，而你們在願望實現的時候變得幸福快樂。

就算現在你們不一定過著自己期望的生活，任何人都無需壓抑自己的願望。你們反倒要多表達自己的願望，並且在表達願望的經驗中成長。你們都是夢想的主人，而你們都會發對自己有益的願望。每一個發自內心的願望都有一個超凡入聖的目標，而這個目標就是每個人的神聖計畫。神聖計畫會用願望的形式呈現，而這個願望又會顯化成你們可以從中學習的實相。

合一世界裡面所有的願望都會變成唯一的願望：成為一，這裡所有的願望都來自同樣的源頭。許多人的願望並不是發自內心，而是來自外界想法的牽絆和二元世界的幻象。言不由衷的願望沒辦法滿足你們的內心。當一個願望完整實現之後，你們就會自然地淡忘這個願望。當你們實現所有的願望並且不再有掛念的時候，你們就會成為合一，連帶超越顯化的過程。

▼第三步：設定顯化的目標，勇往直前。

實現願望的過程中總是一步走完就要接下一步。你們要知道你們永遠都值得擁有自己想要的東西。

所有的眾生都有滿足自身需求的神聖權利。你們都有權請求，同時也有權要求造物主給予你們想要的事物。請求是一種女性能量，而要求則是男性能量。你們可以同時善用這兩股能量。合一宇宙是純粹的愛，它會給予你們希望得到和需要的東西。世界上有著專司顯化的天使，而他們的任務就是實現你們的願望和要求。當你們開始行動的那一刻，就是下一步路出現的時候。你們當下就會直覺感受到下一步的方向，讓你們離實現夢想又更進一步。這就是所謂的下一步技巧。

反覆練習顯化三步驟，你們將會獲得一切想要的人事物。一個帶有遺憾和罣礙的人是不可能徹底解脫的。

♥真誠溝通的療癒效果

溝通是最重要的外在行為。我們可以用星際語言進行口語的對話，也可以用肢體動作或觸碰進行交流。任何人表達出來的想法都會自行顯化。你們在人生當中所遭遇到的問題都是你們跟其它眾生懸而未決的對話。當你們敞開心房與對方交心之後，問題也會跟著迎刃而解。

植入物療法是透過交流來清除體內植入物的技術。這種方法非常有效，但也有一定的風險。因為它牽涉到其他人的自由意志。

你們與其他人之間的深層對話可以開啟你們清理植入物的過程。植入物的結構一共有三層。第一層是植入物本身的負面訊息。第二層會觸發遭人背叛的感受，而第三層則會觸發對人生的自我否定。一旦你們與自己的諮商夥伴們進行毫無掩飾的溝通和互動，你們體內的植入物就會立刻啟動三層防禦機制。屆時你們就得直接面對植入物。這是一項給勇者們使用的技術。

三角合一靜心也是一種想法整理技術。你們可以反覆在寫下對各種人事物的正面想法及負面想法。當二元的思考方式消失之後，你們就可以將注意力導向積極正面的想法。當你們開始進行清理的時候，植入物也會啟動自我防禦機制。好比說：你們會想要逃避現實，腦海中出現雜音或者認為這種方法不管用。

▲譯註：植入物療法類似天主教的告解聖事。這種諮商療癒方式需要雙方可以進行掏心掏肺的坦白互動，因此它的施行重點在於人與人之間的真誠和絕對信任。首先你與自己的諮商夥伴在私密、安靜的空間內呼請揚升大師。接著你們開始從日常對話開始談，一直講到平常不敢講和不敢做的事情。一旦你們觸及各種在平常生活中被壓抑的想法和行為，就請求揚升大師們放送光給你們。一對多或多對多的團體諮商可以加速植入物的清理進度，但是難度也相對提高。

♥顯化逆轉法

顯化逆轉法是一種漸進的清理技術。我們透過清除腦海中不再需要的思考模式，讓人生不再老是事與願違。你們可以祈請大天使麥可幫助你們擺脫不需要再發生的境遇。另外還有願望過濾器。願望過濾器就是在心裡許下堅定的抉擇，為自己設定哪些實相不可以顯化成生活中的遭遇，例如：各式各樣的暴力行為。一旦真心接受某種人事物進入我們的生命，過程中肯定不會造成絲毫的不愉快。真心的接納是帶著喜悅、活著的亢奮、光還有愛。你們偏好接納真善美的事物，因為這些才是你們內心真正渴望的。顯化逆轉的心法就是寬恕。寬恕是一種發自內心的舉動，它具有強大的愛與力量。在一個你願意寬恕的世界裡面，你就是最偉大的力量。薩南達大師可以幫助你們學習寬恕一切。

漩渦加持場

梅爾卡巴光體的橢圓部份就是顯化一切人事物的吸引力空間（漩渦加持力場）。顯化發生的順序如下：心智界↓情緒界↓能量界↓實體世界。你們可以在橢圓形光體內觀想你們的願望清單。任何心智界的物體都會因為熵而變得稠密和實體化。一旦你們將願望的畫面存入橢圓型光體，它就會立刻把情緒和乙太物吸引到這個畫面的周圍，開始進行顯化的過程。

為了要讓你們的願望可以在實體世界實現，你們需要在自身光體的周圍觀想並且創造一個彩虹漩渦。這個漩渦可以吸引原子、事物、境遇以及跟你們有緣的貴人。

♥實相塑造

實相塑造是一門塑造理想生活的技巧。二元世界是陳舊的實相，而合一世界則是嶄新的世界。

11:11 次元門戶是新舊實相之間的過渡地帶。所有的二元世界都會有通往合一世界的出口。宇宙中並不存在絕對的黑暗或絕對的二元性。

世界上沒有無解的人生課題，亦不存在絕對邪惡的眾生。你們的抉擇無關過去或未來，而是當下。實相塑造的重點在於你們要對生活中出現的奇蹟心懷感恩，並且把心力投注在原本生活中美好的人事物。如此一來，生活中的小確信將會逐漸累積成大驚喜，然後所有的好運都會滾雪球般接踵而來。

4 1 1994年11月30日的通訊紀錄

你們好，親愛的天使們。這裡是阿斯塔指揮部的克洛特隆星際基地。我們今天想跟你們談談地球救贖計畫的大方向。

現在銀河中央太陽的神聖介入能量已經穿過整個銀河系，並且來到地球所在的銀河扇區。這道能量開啟了你我的救贖之門。

今年的12月12日，你們有機會邁出通往救贖的第一步。一旦你們體驗過自身的救贖，就會讓身邊的人也開始走上救贖之路。這一天將會是你們人生的轉捩點。你們從此之後會逐漸改掉各種損人不利己的壞習慣，接著迎接更美好，充滿光明的嶄新人生。

12月12日將是你們可以徹底寬恕生命中一切人事物的一天。你們將會因為徹底的寬恕而脫離業力法則的控制，然後開始領受無盡的神聖恩典。你們一生當中的所作所為在很久很久以前就全部都被赦免了，只不過有些人還是無法相信這個事實。

我們想要對你們說：你們絕對不是罪人，而是聖潔的光之存有。你們現在就可以親生經歷並且活出你們的神聖本質。

二元世界的幻象使你們相信自己已經跟神分離了。你們就是神，因而分離並不存在。神聖計畫也不是高高在上，虛無飄渺的事情。它就發生於當下，發生在你們的心中。你們要讓自己感受並且追尋內心的渴望，這樣你們可以加速偉大的救贖計畫降臨人間。

現在就是你們貫徹理想的時刻。你們或許都下過好幾次決心，卻時常為自己沒辦法實現理想而感到灰心。你們可以試著用一整天的時間堅持做好一件小事情。現在地球上的局勢發展已經比幾個月前順暢許多。當你們在小事情中建立自信心之後，你們就能逐漸做出攸關生命的重大決定。好比說決定在二元或是合一世界生活，決定扮演光明勢力或者黑暗勢力。這種決定沒有折衷的餘地。

現在是所有人類必須做出重大抉擇的時刻。這就是你們現在生活在地球的原因。你們要在這一世把握千載難逢的機緣，為自己的生命做出不平凡的決定。

地球在未來幾年內會發生不尋常的極化現象。屆時所有的眾生都得無條件選擇光明或黑暗其中一方，中庸的處世空間會越來越少。現在就是所有人抉擇的時刻。

你們忙於尋求的愛已經在你我的心中了。當你我合而為一的時候，我們將一起創造合一。這就是我們與你們在一起的原因，親愛的天使家人們。

地球上大多數人的生活並沒有太多選擇的機會。現在你們手中有著自由選擇的空間。你們可以自由地運用智識和愛心，並且成為神聖陣營的一份子。

分享訊息可以讓你我對彼次敞開心胸，而你我的意識將會如奇蹟般逐漸合為一體。歡迎你們邀請我們進入你們的腦海和身體，讓我們用你們的眼睛看你們的世界，也讓你們用我們的視角看我們的世界。總有一天，這兩個世界會融合成一個大同世界。

我們想再次強調今年12月12日的可能性。所有對職場感到枯燥乏味的人都會有機會改變。所有在情場傷痕累累，為小人所苦的人都會有機會改變。所有感到絕望，受困於負面思想的人都會有機會改變——這些人將可以放下以往的思考模式，並且將心思專注在美與善、光與愛。你們在乎的人事物會反覆地出現在你們的生活。這就是宇宙的顯化法則。

我們在這裡幫助你們學習顯化法則。有時候顯化並不是容易的事情，不過你們只要經常練習，顯化就會越來越容易。我們相信你們都有熟練顯化的能力，顯化真的不用難如登天，前方有許多驚喜等待著你們。

你們此生就是為了覺醒才到地球。當你們覺醒之後，人生再也不會是一場意外，而是無數的驚喜。你們將成為奇蹟的存在。不過你們得先學會用意識顯化奇蹟的能量。

你們會在未來幾年內見證無數的奇蹟。這一世就是你們習慣奇蹟的年代。你們所知的實相只不過是宇宙實相的渺小縮影，而奇蹟是宇宙實相和天地萬物的根本。以前宇宙的奇蹟並沒有太多的機會進入地球世界。現在我們帶著奇蹟來到你們的身邊。

問：我想知道地球揚升或大清理之後，地球上還會留下哪些東西？亦或地球之後會有更長遠的使用規劃？

地球確實有進入合一世界後的長遠規劃，因為二元世界即將消失。不過這個問題本身也不是個問題，因為合一世界並不存在時間。任何事情都會在當下發生。我們建議大家開始活在當下，並且努力實現自己的內心的神聖計畫和夢想。

地球世界依然會存在。人們還是會在光之島上過著清靜無染的生活。地球會變成光之存有的家園行星。大家還是有可能以光之存有的身分在地球上生活。

問：換句話說，地球在大轉變之後就會進入合一世界嗎？

正是如此。

問：我們該如何看待大災難的預言？

你們有機會可以避免大災難發生，不過也可能難逃一劫，要看人類集體的自由意志而定。

地球會經歷轉變期，極移也會發生。至於轉變會平緩到來或是讓人措手不及，則取決於你們的心態。你們越是抗拒改變，反彈的能量就會越強。你們越能用愛接納改變的能量，地球的轉變過程就越平順。

地球的實體世界要到很後期才會發生重大的轉變。雖然偶爾會發生地震和火山爆發，但是不會發生天崩地裂的大災變。地球在大撤離之後確實會出現新大陸和新海洋：陸地的分佈也會跟著改變。

但是這些變化都會帶給你們煥然一新而且十分美好的感受。

人類在地球大轉變的之前會全數撤離。至於轉變過程溫和與否，則取決於人類的心態。如果你們協助撫慰大地母親的傷痛，她就可以很快痊癒。地球和人類都受到很深的創傷，而這些傷痛都需要接受療癒。

問：最近許多人時而會感覺到悲喜交加，這是怎麼一回事？

悲喜交加是心輪開啟的過程。當你們的心輪開啟之後，你們會進入到我們的深層意識空間，而你們會在這裡體驗到最深刻的情感。你們將會發現：喜悅和悲傷其實是一體兩面的情緒。一旦你們深入自己的傷心往事，你們會發現它們逐漸消散，只剩下喜悅。

為了找回最深層的喜悅，你們就得清理所有內在的悲傷。當你們清楚明白自己的內心世界，就能找到心靈深處的喜悅。悲傷在轉換到喜悅的過程中，這兩股能量會同時並存。

你們在未來幾周內可以重新與我們交流。歡迎你們問各種問題。我們也會開始問你們的感受和地表生活的近況。

三維世界是一個很特別的世界。它是宇宙中少數限制重重的奇特世界。

我們下禮拜會談論人類如何擁有開放的性愛生活和感情世界。這會是非常有趣的話題。我們會一直與你們同在。

這裡是阿斯塔指揮部的克洛特隆星際基地。我是克洛特隆・安塔里昂・安努塔拉・艾拉。今天的交流到此結束。

42 1995年1月18日的通訊記錄

你們好，親愛的星星兄弟姐妹們，這裡是克洛特隆星際基地，我是阿斯塔・謝蘭，我們正與你們一起觀察揚升的過程。

我們將解釋揚升的基本概念，現在地球周圍的振動頻率有著十分明顯的改變。或許你們在生活中有著不同的體驗，但我們要對你們說的是：你們的情緒體的振動頻率正在飛快提升。

有些人會發現現在的自己比過去幾年心平氣和許多，不過也有人正在經歷不尋常的情緒起伏。情緒方面的改變代表你們正處在決定要留在二元或是前往合一的轉捩點。隨著你們的情緒逐漸平穩下來，你們的身體會產生截然不同的振動頻率，而且它會變得越來越明顯。人間的一切都變得越來越不尋常，而且在未來更是如此。

你們好，親愛的家人們。我們現在用天使之語幫助你們改變振動頻率，並且邀請你們進入嶄新的生活。從二元過渡到合一並不是一個歷史事件，而是全新的生活方式。它就像冰融化成水一樣，自然又溫和。

你們的心已經選擇了愛。我們為此向你們致敬，也感到無比的喜悅。你們可以邀請天使朋友們進入你們的生活，而他們也會成為你們生活的重心。各種奇蹟會開始在你們的生活中如影隨形。現在就領受如同涓涓細流般的幸福奇蹟，並且讓它們在生活中滿溢吧。

做一個謙恭有禮的王者，然後回歸你們原本的天使身份。不要經常看電視，因為電視節目有太多負面的內容。你們內在的智慧能幫助你們明辨是非。服膺內在的指引，你們將會走上揚升的康莊大道。智慧是當你們靜觀自在的時候，從風中聽見的低吟話語。我是阿萊拉・安塔拉・安努塔拉・安塔瑞斯。如果与克洛特隆继續對話，會更適合你們嗎？亦或我的振動頻率更適合你們呢？

問：我覺得阿萊拉是個非常溫柔的人，對吧？

我跟你一樣是個非常和善的人。你們學習成為天使的時刻已經到來，所以我想來提醒你們：你們就是天使。

問：你來自耶穌嗎？

是的，我奉祂的聖名而來。

問：為什麼你我對話的振動頻率改變這麼多？

你讓我感受到極為強大的振動頻率。這就是神聖計畫。他們邀請我參與這次的對話，我也樂意照做了。

問：地球是否也能無條件揚升呢？

地球將會無條件地揚升，不過有些人類並不會跟著揚升。這是因為他們做出不一樣的抉擇。關於揚升的技術問題，克洛特隆比較能夠清楚回答。

今天大家都比平常還有精神，我們會開始用各種方式經常交流。未來我們會有更多的機會跟你們的團隊合作，並且傳送越來越多的能量到地球，到時候的通訊品質也會跟著提升。今天的通訊即將告一段落。

43 1995年2月3日的通訊記錄

你們好。親愛的星際兄弟姊妹們。這裡是阿斯塔指揮部的克洛特隆星際基地。我們和你們一起打造新天堂和新地球。

今天我們想跟你們談論即將成形的新世界。你們的願景和夢想都會開始在現實生活中實現。我們所謂的願景不只是光之島，還有物質與精神都無限豐盛，完美結合的生活。

物質與精神合為一體有時候會使你們產生一些疑惑，一旦這種概念塵埃落定之後，你們就會在生活中感受到宇宙神聖計畫的瑰麗和完美。你們就是神聖計畫的代行者。

我們不能在人間單獨行動。你們之所以心裡各種夢想和願景，正是因為你們才是在人間實現它們的人。你們之所以心裡有各種遙不可及的夢想，正是因為就連最不可能的夢想都可以實現。

現在就是你們親身見證所有的夢想和心願逐一實現的時刻。光之島計畫是通往新世界的橋梁，也是純淨無染的合一綠洲。

現在就是拿下眼罩的時刻。你們來到地球，正是為了要拿下自己和人類兄弟姊妹的眼罩。請你們聚在一起傳遞合一意識，並且從實現夢想的過程中鍛鍊膽識和勇氣。你們的人生字典將不存在『不可能』三個字，取而代之的是：我就是一，我以一的身分創造新世界。

現在就是你們一起在圓形彩虹中生活並且開創彩虹新世界的時刻。你們可以先改變週遭的日常生活，接著你們可以改變自己的想法，讓神聖火花照耀你們的胸懷。放下所有不屬於新世界和新生活的人事物。你們在現實世界的新生活必須能夠如實反映宇宙的神聖和美麗。這種改變只能透過你們才能實現。如果你們不願意的話，還有誰能辦到呢？

只有你們才能下定決心讓地球進入新世界，現在的你們必須清楚明白自己的夢想和想過的生活，你們會發現自己的生活變得多采多姿。

你們的生活即將發生變革，你們可以感受到世界上出現不同的風氣，你們可以感受到圓形彩虹所帶來的美嗎？這些圓形彩虹是你們心中的美景。放輕鬆，做真正的自己。轉變之風將會帶你們穿過時代的驚濤駭浪。

你們一出生就是在天空遨遊的天使，天使和我們一直都在你們的身邊，他們一直眷顧著你我。現在就收下他們的祝福吧，聖光正流經你們的世界。

你們的世界正隨著合一之心跳動著，傾聽這份真實的悸動吧，你們都是無與倫比的。感受自己的美麗吧，無論生活中發生過哪些事情，都不要忘記自己內在的美好。現在就展開你們的天使之翼，盡情地在天空中翱翔吧。

我們一直都在你們身邊。你我都是聖光和美善的化身。仔細看看周遭越來越多的聖光吧！請過著幸福快樂的生活。我們和天使們都一直在你們身邊，所以你們不用擔心任何事情，你們的願望都會成真。相信自己，當一個自在翱翔的天使吧。阿萊拉・安塔拉・安努塔拉・安塔瑞斯，今天的交流到此告一段落。

問：請問我們要用哪些石頭才能連結阿斯塔指揮部呢？

你們可以用一顆白水晶搭配捷克隕石組成水晶曼陀羅。

問：請問曼陀羅的具體做法為何？

這是六芒星組成的揚升曼陀羅。首先用一顆白水晶做為中心點，然後在周圍用三顆捷克隕石和三顆白水晶。六芒星的外圍再用白水晶圍成一個圓圈。

問：如果我用三顆紫水晶和三顆白水晶組成六芒星，然後在中間放一顆捷克隕石呢？

這種曼陀羅有著強大的力量。我們建議捷克隕石的數量不止一顆，你們可以盡情地嘗試各種組合，每個人都可以嘗試製作適合自己的曼陀羅。

44 1995年2月15日的通訊記錄

你們好，親愛的光之兄弟姊妹們。這裡是阿斯塔指揮部的克洛特隆星際基地。我是阿札瑞斯・拉姆，今天我想和你們談談關於全人類當前的意識轉變。

意識轉變的形式和方向取決於你們的想法和抉擇，但是地球社會註定會進入合一的世界。因為你們在轉世到地球生活之前就已經選擇了合一，你們已經決定用這一世的時間完成累世以來的地球轉變任務並且進入新的世界，你們在這一世就得決定通往合一的路程。你們可以決定沿途中充滿磨難或者平安喜樂，這兩條道路都能抵達合一的彼岸。

至於你們該如何決定這趟旅程的起點呢？關鍵就是自愛，也就是疼惜自己的經驗。每個人都有過對自己心滿意足的時刻。當你們覺得難以接納自己的時候，請回想起寵愛過自己的回憶。一旦你們能夠無條件地接納自己，你們的進化旅程將會充滿喜悅，而非磨難。透過接納和疼惜自己，你們終將解開困擾自己許久的心理障礙。

愛能化解所有的疆界和障礙。世界上沒有愛不能克服的障礙，沒有愛不能轉悲為喜的局面。我們從不認為人類是墮落的種族，而是光的家人。你們本身就是聖光，你們在很久以前就對自己許下一個承諾，一個救贖的承諾，一個由你我共同實現的承諾。

你們要信任並且臣服於流經你們身體的能量。它會開始療癒你們的內心，並且清出所有深埋在內心深處的事情。你們可以用愛接納自己的心，然後放下所有不再需要的回憶和情緒。

或許有些人感覺自己不屬於合一，而且對自己轉世前的抉擇感到懷疑。合一是你們心中最神聖的決定，有時候你們很難察覺自己曾經決定要進入合一世界。一旦時間到了，你們就會隨著這個決定變得閃閃動人。

現在是時候放下所有的恐懼並且學習新事物了。恐懼在你們過去的進化旅程中是有幫助的事情，但是你們現在已經超越需要恐懼的階段了。恐懼在過去教會你們許多的事情和尊重，而現在的你們需要學習喜悅和生命法則，學習承載生命的流動並且與它一同覺醒。它會在你們迷惘的時候給你們依靠並且讓你們找回自己的內心世界，它也會引導你們找到我們並且讓你們明白生命的本質。如果你們現在不相信的話，我們向你們保證：你們很快就會相信了。

人類的生命中已經出現越來越多的奇蹟，你們即將見證宇宙中最大的奇蹟。你們將攜手合作，為人類的未來發展奉獻心力。人類的發展方向就是救贖，而且是無條件的救贖。不論你們有甚麼樣的身份或職位，你們都將得到救贖。以下開放問答時間。

問：誰是第四道光的揚升大師？他又有哪些職責呢？

第四道光的揚升大師是瑟若佩斯・貝。他的職責是與天使存有和天使情報單位合作。他在這段期間的主要工作是擔任天使與人類之間的橋梁。他也協助大天使——麥達昶開啟 11:11 次元門戶。

問：為什麼每次我呼喚星際家人的時候，太陽神經叢總是會有震動感？

● 太陽神經叢的正上方有一個負面植入物，它是導致性愛分離的主因。一旦它被清除之後，太陽神經叢底下會形成銀河核心輪。你們的身體就可以透過這個脈輪吸收來自銀河中央太陽的合一能量。

45 1995年3月1日的通訊記錄

你們好，親愛的星際兄弟姐妹們。這裡是阿斯塔指揮部的克洛特龍星際基地。今天，我們要告訴你們：地球的振動頻率已經開始改變了。這意味著物質的振動頻率開始與銀河中央太陽的能量脈衝共振。這也意味著：一旦你們順從自身的神聖計畫生活並且無條件願意讓自己的想法、願望和舉止都不偏離心中的神聖計畫，它們三者將會無時無刻地統合在一起。

神聖計畫的當前目標是讓星際家人們揚升至更高的意識境界。揚升意味著你們的人際關係將會出現極大的改變。

即將完結的二元性實驗在你們的生命旅途中留下了許多陰影，許多人甚至是所有的人類都曾經經歷過傷心和令人失望的社交關係，這種創傷經驗使得你們在建立合一世界的人際關係之前就已經關閉自己的情緒體。許多人渴望著全新的人際關係，但幾乎無法鼓起勇氣走進陌生的人群。我們想對你們說：目前暫時看似一成不變的世界就快要變得煥然一新，任何已知並且與真理無關的人事物都將會消失無蹤。

二元實驗就快要結束了，轉變也已經開始。任何有勇氣離開舊世界的人都將滿心歡喜地進入新世界。你們將會發現前方的世界遠比自己拋在後腦勺的一切更加美麗動人，而即將到來的大好消息就是地球集體揚升的神聖計畫。

揚升計畫不只是在某天發生的單一事件，而是一個與時俱進的過程。你們在揚升前的各種行為對你們揚升後的生命旅程有著莫大的影響力。建議所有覺醒的人們開始聚在一起修行和成長，讓大家一起前往新世界。

新世界將會帶給你們前所未見的人際關係，同時也意味著人與人之間的親密和坦誠將會使你們集體揚升。

你們在二元世界裡習慣只對某個人敞開心胸，毫無設防。由於地球已經進入合一實驗期，這種做法已經不符合神聖計畫了。合一實驗代表所有的星際家人們將會一起離開舊實相，然後進入新世界。

一旦你們決定進入合一世界，你們就如同站在通往未知領域的大門前方。你們會逐漸地卸下心防，然後在眾人面前徹底地敞開心胸。這也表示你們將開始療癒靈魂在垂直和水平層面的分離（人神之間的分離、性愛分離、天堂和地球之間的分離和陰陽分離）。這種分離是二元實驗的產物，而且正好在它的起源中得到解答——人與人之間的互動。

當你開始與揚升團隊的夥伴們建立感情之後，你們就會形成一個帶有特殊能量的曼陀羅。所有在這個曼陀羅的人都會收到一股非常強烈的能量。這股能量能用非常迅速而且有效的方式撫慰你們的情緒，並且使曼陀羅上的所有成員們以極快的速度覺醒和成長。

透過曼陀羅的幫助，人神分離的想法會首先獲得療癒，你們將不再認為神是自身之外的事物。神聖計畫跟自己無關的想法會跟著消失，揚升大師們高高在上而且事不關己的想法也將隨風飄散。你們將會親身感受自己與揚升大師們是一體的，而且兩者之間毫無區別。你們最終將不再認為自己是孤獨一人，也不再認為自己的意識殘缺不全。

你們在療癒分離的過程中首先會與我們在意念上合為一體，你們情緒體和心智體的振動頻率會逐漸提升，接著你我的身體將會結合為單一的神聖身體，散發著靈魂的永恆之光。

一旦你們進入到療癒分離的第二階段，你們將開始重新整合內在的性與愛。性能量是生命、意識和精神的能量。你我之間對於使用性能量的唯一差別在於你們有些人會批判性能量，導至它的振動頻率下降。

低頻的性能量是揚升的最大障礙，批判性能量會削弱你們的情緒體並且阻塞下三輪的能量流動。揚升需要完整的脈輪能量，而這也包含你們的下三輪，所以我們建議你們放下任何對性能量的批判。

你們在療癒性能量的過程中將會學習無條件接納和表達這股能量，並且將它與心中的愛整合。當你們完成療癒之後，你們就會知道性與愛是無法分割的一體兩面。所有的宇宙能量都一體的，真正分離的是人類的想法。

人與人之間的開放關係也會在性愛合一之後展開。你們的振動頻率和意識水平也將會隨著開放的心胸一起提升。

一旦地球上出現了新人際關係，地球社會將會成為一個曼陀羅。所有人都能適得其所並且發掘屬於自己的人生目標。每個人的人生目標都將符合宇宙的神聖計畫。每個人都將樂意為自己和整體社會的崇高願景同心協力，努力不懈。緊接著你們將會發現：其實你我都是一樣的，你我都在同一艘太空船上生活。現在的你們住在樓下，而我們住在樓上。未來這艘太空船將會吹起大搬風。屆時就換你們搬到樓上，而我們住到樓下。

地球的轉變過程將會以集體揚升劃下休止符。接下來你們與親朋好友共同組成的星際曼陀羅將會拓展成銀河曼陀羅，你們將一起踏上銀河合一的進化旅程。你們將利用獵戶座的安星門進入到更高的維度世界，進入純意識的領域。那裡不再有創造，只有合一。用二元觀點來說，你們會成為無所不在的神，你們的意識將等同於全宇宙的意識。

我們想傳授一套團體修行法門，讓你們用最有效的方式獲得宇宙意識。許多人和種族修習過這套法門，甚至你們對他們其中某些人十分地熟悉。

我們將會逐步教導你們創建星際曼陀羅。一旦揚升大師們開啟曼陀羅的三角能量連結，每個人都會在曼陀羅中找到適合自己的位置。曼陀羅的能量連結點是人類通往合一螺旋世界的次元窗口，而光網格的三角連結點就是安塔里昂網格的基準點。你們會開始透過曼陀羅體驗合一世界，地球也會開始進入新的實相。

現在人類累積的智慧和經驗已經足以與我們合作並且開創一個你們再也不會重蹈覆轍的新世界。你們過去的所作所為並不算是錯誤，而是你們學習的過程。

新世界將會完全臣服於合一並且反映每個人的靈魂之美。每個人的內在美都能在揚升曼陀羅中彰顯。揚升曼陀羅隨後會拓展成遍佈全世界的光之島社區。環環相扣的螺旋漩渦、天使意識漩渦、圓形彩虹、羽翼蛇將跳起神聖合一之舞。銀河中央星系的宇宙意識將會對舞步產生反應，並且直接對地球發送合一能量。地球的振動頻率也將因此提升至第五維度。你們都是地球通往第五維度的三角合一門戶。

三角合一是將二元對立極性轉化合一的過程。未來幾週之內，我們會傾囊傳授一套利用三角連結開啟次元門戶的冥想指南。這套冥想可以幫助你們在地球上展開三角合一的整合工作。

46 1995年3月8日的通訊記錄

你們好，親愛的星際兄弟姐妹們。這裡是阿斯塔指揮部的克洛特龍星際基地。我們正與你們一起開創新世界。

現在是一個殊勝的時刻，一個你我之間的距離比想像中還要親近許多的時刻。由於許多人已經建立與我們之間的能量連接，你我之間的羈絆變得更加地深刻，也比以往更加地真實。有些人已經開始與我們進行心電感應交流，而光之存有們對你們的回應也使得你們現在的交流更加地流暢。

就在這個特殊的時刻，你我之間的交流也會改變你我之間的能量並且讓神聖計畫變得更加清晰。除此之外，你們有些人際關係也會在這個時刻產生一些結果。

神聖計畫將會對你們展現它的廬山真面目，而你們也即將可以擁有比過去的人生更加安祥喜樂的生活。

當你們的生活完全符合神聖計畫安排的時候，你們將會過著一路順遂而且充滿成就感的人生。因此你們要努力提升情緒體的振動頻率，讓自己成為一個傳輸宇宙智慧和大愛能量的完美管道。神聖計畫的恩典會在最恰當的時機降臨在所有人的身上。

許多人正在進行情緒方面的清理。這個過程有時候會在生活中顯化成不愉快的經驗。如果你們遇到讓你們不開心的事情，歡迎你們呼請我們的幫助和保護。

你們對自己的排斥和不愛惜是生活中所有負面經驗的來源。這時候你們務必要讓自己獲得一切所需的呵護和寵愛。當你們學會愛惜自己之後，你們就能更容易親近宇宙的大愛之源。接著你們將會開始得到來自外界的愛。

無論如何，得到愛的第一步就是你們要先愛惜自己。因為有時候你們沒辦法得到其他人的關愛，而我們又來不及趕到你們的身邊，所以你們在這種情況下一定得做自己最可靠的盟友和夥伴。

我們會對你們說這些事情，是因為你們的世界正在發生重大的轉變。你們將會在新世界教導關於愛的課程。我們會說：世界上有各種形式的愛，而且你們的人際關係即將發生不可思議的大轉變。這種逐漸發生的轉變是為了你們有時間成立揚升團隊。

揚升團隊是揚升的能量點，也是人類通往更高意識層次的入口。團隊成員們會形成吸引合一能量的磁性網格，並且讓合一能量散播到全地球。

為了讓你們成為合一能量的完美傳輸管道，你們有必要改變你們的人際關係。對你們來說，最重要的改變就是允許彼此在各種層面變得更加親近。換句話說，你們不需要對彼此的親暱關係設限。二元世界中總是會有各種限制和行為規範，但是這些規矩在合一世界中是不存在的。在合一世界裡，人們的意識像是一條河；從每個人的心中匯流至合一的海洋。一旦你們對新的機遇敞開心房，你們就能擁有前所未見的人際關係。

你們每個人都是真善美的神聖泉源。你們要讓自己飽飲內在的神聖甘露，並且在生活中散播美善的氛圍。現在你們就可以放開心胸，接受身為神聖存有的各種可能性。這個動作是你們接納自己的關鍵步驟。一旦你們學會了自愛，你們就能在更短的時間內容納我們對你們的大愛。你我之間的交流也會變得越來越頻繁漢順暢。

另外還有一件重要的事情：你們之間的親密關係。親密關係就像磁鐵一樣，可以吸引合一的臨在。只要你們坦然面對彼此，並且不再用二元的小腦袋思考人與人之間各種可能的親密感情，你們就有機會體會前所未有的親暱關係。這種集體親密關係會將你們引導至揚升的道路。

揚升意味著你們的想法、情緒和行為的振動頻率都在提升。你們過去分離的意識也開始融為一體。當你們的身心靈統合為一之後，你們的內在和外在都會出現象徵完美的曼陀羅。未來所有人都會有內在的曼陀羅和外在的曼陀羅。內在曼陀羅是一顆位於內心的神聖十二芒星，外在曼陀羅同樣也是十二芒星，我們接下來會解釋外在曼陀羅的意義。

外在曼陀羅是你們發現和接近彼此的過程。你們將與十一名親朋好友組成十二芒星的曼陀羅並且一同體驗合一。每個人在生活中扮演著很多種角色，不過大多數都是演著二元世界的戲碼。這些角色有些已經開始進入到不一樣的互動模式，以至於你們有機會進入到全新的意識水平。你們會與合一世界中的親友們形成一個曼陀羅，這個曼陀羅將會統合你們不同層面的意識，並且幫助你們達成天人合一的境界。

你們既是人類，也是神聖存有。這二種身份會在你們的意識當中合而為一，不再有區別。你們內在男性與內在女性也會開始融合。你們的愛能量與性能量將會結合成真愛能量。真愛能量將會開啟你們體內的銀河核心輪。銀河核心輪是你們通往合一世界的脈輪。它能讓你們體驗合一能量，並將引導至銀河中央太陽的進化旅程。

你們的外在曼陀羅能夠提升你們的振動頻率，並且讓你們進入合一的螺旋世界。換句話說，你們將會離開娑婆世界，然後進入合一的乙太螺旋旅程。

地球上已經有些人透過外在曼陀羅進入合一世界，未來類似的案例會變得越來越多。這個過程中最重要的是你本身進入未知領域的體悟。從現在開始，你們將會經歷前所未有的人生。

神聖計畫一直都存在，而它正在成真。過去一直有人試著創造揚升之星，但是從來沒有獲得完美的成果。當所有人在所有層面都統合為一，並且與我們在意識上融為一體的時候，世界上將會出現一個完美無瑕的揚升之星。這個偉大的意識實驗正在你我之間作用著。

我們正在將星際基地降落到你們看得見的天空，我們用流光能量加持你們，我們幫助你們敞開心胸，進而給予你們祝福和撫慰。你們沒辦法用肉眼看見我們，但是你們可以用心感覺到我們的存在。我們應你們的呼喚而來，我們就在你們的身邊。

問：曼陀羅的運作原理為何？

曼陀羅的原理是型態發生場，一種純意識的空間。你們可以把型態發生場想成一座海洋。當你們把一顆石頭丟進海洋，海面上就會激起同心圓的漣漪。

曼陀羅也是同樣的道裡。曼陀羅上的每一個點都是一顆石頭，它們會在一是海洋上激盪出同心圓的漣漪。這些漣漪會產生各種不同的能量訊息。好比說：六芒星的能量訊息就跟方型或三角形的不同。

曼陀羅所散發的能量性質會依照圖騰上的石頭或人物而異，你們要慎選石頭並且精準排列成曼陀羅的形狀，才能讓曼陀羅發揮作用。

47 1995年3月15日的通訊記錄

現在閉上眼睛，感覺自己的呼吸。全身放鬆，平靜地觀察當下的感覺和情緒。現在深呼吸三次。感覺周遭的空間。感覺各種想法在腦海中迴盪，然後逐漸歸於平靜。我們將誦念神聖的咒音——OM，證實自己是神聖的光之存有。OM……（拉長音並且詠唱三次）

身為神聖的光之存有，我們與團體當中的神聖夥伴手牽手，心連心。觀想在場的所有人都成為了明亮的光點。這些光點接著合為一體，變成冥想場地中閃亮炫目的唯一光點。現在整個團體變成了這個時空中其中的一個光點。我們將誦念神聖的咒音——OM，讓這個光點引領地球人類進入合一意識。OM……（拉長音並且詠唱三次）

現在我們這個光點與世界上其他冥想團體所形成的光點相互串連，然後交織成地球的光網格。接著我們觀想參與建立光網格的冥想團體，想像他們的人數和模樣。觀想光網格逐漸擴張，使得地球上的所有黑暗都開始消散。我們將誦念神聖的咒音——OM，證實整個地球都已經變成了宇宙中的明亮光點。OM……（拉長音並且詠唱三次）

現在觀想我們的銀河系。它是一個雙螺旋臂的星系，而銀河系中央的閃耀白色星體就是銀河中央太陽。觀想銀河中央太陽散發出明亮耀眼的光。這道光以螺旋運動的方式傳遍整個銀河系。所有接觸這道光的星體，包括我們的太陽都變成了明亮的光點。現在觀想宇宙中的所有光點相互串連，使得銀河系中所有黑暗都開始消散，接著整個銀河系變成了一個巨大的光點。我們將誦念神聖的咒音——OM，證實銀河光網格正式大功告成。OM……（拉長音並且詠唱三次）

現在我們與地球上其他的冥想團體一起連結我們的星際兄弟姊妹、光之存有和阿斯塔指揮部的諸位代表。現在我們所有人心心相印、合為一體。

所有的光之存有都與阿斯塔指揮部緊密合作，一起幫助地球進入合一的世界。現在我們觀想克洛特隆星際基地停泊在冥想場地正上方的高空，我們感覺到這座乙太星際基地的臨在。它彷彿就在我們的頭頂正上方，將正面能量注入我們的頂輪或心輪。我們感覺到能量進入身體所產生的冷熱感。有些人會感覺自己變得快要飄起來，或是感覺到頭上有個龐然大物，這些都是星際基地現身的徵兆。

現在觀想星際基地射出一道光柱，貫穿整個冥想團體，直達地球的中心。觀想光柱進入地心之後，又反射進入天際。觀想這道光柱將自己的冥想團體、世界上其他的冥想團體和我們的星際兄弟姊妹們整合為一體。

這道光柱也保護我們不受外在二元世界的干擾。現在大家可以敞開心胸，感受整個世界，因為所有人都是安全無虞的。

深呼吸，將意念導向我們的心輪。吸氣的時候，將星際基地帶入我們的心輪。吐氣的時候，將我們的心輪上傳到星際基地。保持這樣的呼吸方式幾分鐘的時間。

現在大家用自己的方式，全心全意地呼請我們的星際兄弟姊妹，呼請阿斯塔指揮部，呼請所有的揚升大師、光之存有和天使。

如果你們需要生活上各種疑難雜症的解答，可以請求星際兄弟姊妹們到你們的身邊，用他們的能量協助你們。首先你們在心裡說明生活中遇到的狀況，然後邀請他們帶著各種正面能量進入你們的身體和想法，乃至於你們的人生。

深呼吸，將意念導向我們的心輪。吸氣的時候，將星際基地帶入我們的心輪。吐氣的時候，將我們的心輪上傳到星際基地。保持這樣的呼吸方式直到今天的問答時間結束。

問：現在梅林和阿尼特隆（Anitron）在哪裡生活？他們在我的生命中扮演著什麼角色？

梅林是一名揚升大師。目前他在母艦『亞瑟神劍號』上面生活。他是阿斯塔指揮部和木星指揮部的成員，同時他也是星光兄弟會的弟兄。這位揚升大師正在鑽研物質-靈性的煉金轉化技術。

阿尼特龍是隸屬於瑟特隆星際基地星際天使。祂主要是在克洛特隆和瑟特隆星際基地上面活動。祂的工作是開發方便你我交流的心電感應技術。

問：我們的光體在投胎轉世的時候會發生什麼事情？

光體會先留在高維世界，等待進入肉身的時機。接著光體的精髓會逐漸沉降進入到肉身，開啟靈魂輪迴轉世的旅程。靈魂是帶著完美意識的天使。當光體完全融入到你們的肉身，你們就會成為揚升大師。

問：我們正與誰在對話？

你們正在與我們的集體意識進行交流。到場的有：阿札瑞斯・拉姆、克洛特隆・安塔里昂、澤創、羽卡塔、阿尼特隆、薩里斯，克洛特隆星際基地、崔特隆星際基地、艾刻特隆星際基地。另外還有奈歐蜜、薩爾達和阿尼昂。

48 靈魂合一曼陀羅

♥神聖計畫

我們正生活於十分特別的時代，兩個不同的實相系統即將發生開天闢地以來最浩大的轉變，整個宇宙都在進行劇烈的重組，它將自己錨定於造物主意志（天地萬物的合一意志）。宇宙收到來自天堂的能量脈衝之後，便開始從膨脹（呼氣）轉移到收縮（吸氣）。現在宇宙處在它閉氣的轉折點，在這個階段，神聖意志可以直接透過宇宙萬物顯化。這股天堂的能量脈衝從銀河中央太陽出發，接著以螺旋運動傳導至整個銀河系。由於線性時空結構的扭曲，它無法能在一瞬間傳遍整個銀河系。現在它已經來到地球，地球二元系統將因此夠轉變至合一。

地球在 1992 年到 2012 年間經歷了 11:11 次元門戶的轉變旅程。這個門戶是二元/合一這兩種不同進化系統的重疊區域，地球將因為這次的門戶旅程而被療癒。它將成為宇宙中的閃耀光點，合一的行星。所有地球上的星際家人也會揚升，與宇宙兄弟姊妹們團聚。他們將一起透過安星門返回到合一之銀河進化旅程，然後共同打造銀河光網格。

一旦你們回想起自己就是來自浩瀚繁星的天使，你們就會開始覺醒。你們會逐漸回想起你們的天使之美，你們會發現自己就是無處不在的合一意識。你們正在邁入新世界，合一的新世界。

二元世界與合一世界是兩個截然不同的世界，它們各自有相對應的自然法則，你們不能同時生活於兩個不同的進化系統。總有一天，你們必須決定在二元世界或是合一世界中生活，而且沒有折衷的餘地。如果你們選擇了合一世界，那麼現在就可以放下所有不快樂和不幸福的事情，因為你們再也不必從苦難中學習了。你們是光之存有，你們的學習課題就是愛。你們是地球的合一守護者，所以不要忘記守護自己的幸福。

全世界的覺醒團體正在聖光的彩虹漩渦中集結，準備完成地球揚升的終極使命。這些團體將會逐漸整合成屬於人類的靈魂合一曼陀羅。靈魂合一曼陀羅是覺醒靈魂們共同組成的靈魂全息圖，曼陀羅的成員們組成一個跨維度的十二芒星魔法陣，這個基於神聖幾何原理的魔法陣可以形成強力的聖光場域，讓合一實相得以在地球上誕生。

♥靈魂合一曼陀羅將透過三個階段轉變地球

第一階段：人類會先用一段時間學習組織和規劃屬於人類的靈魂合一曼陀羅。曼陀羅的成員們會負責協調人類的集體啟蒙訓練和揚升進度。許多與地球揚升工作相關的基金會將提撥豐沛的資金，讓人類在世界各地組建光之島。

第二階段：曼陀羅的核心成員開始揚升，其餘成員也會跟著受惠。發展成熟的曼陀羅開始對外擴張，形成新世界的光之島。光之島是基於基於神聖幾何原理的合一社區，隨著光之島的居民逐一揚升，地球將會出現集體揚升的連鎖反應。

第三階段：144,000人在地球上完成揚升。全世界的靈魂家族將會以光體生活在神聖曼陀羅社會，合力錨定高維世界的能量。地球的揚升門戶將會敞開，然後將她轉變成為新地球。

大多數的眾生會繼續生活新地球的人間天堂裡生活，一些人會繼續他們的星系旅行，一起與星際的兄弟姊妹們進入銀河的合一進化旅程。

♥靈魂合一曼陀羅和靈性啟蒙

宇宙合一能量正透過揚升漩渦進入地球。揚升團隊和靈魂合一曼陀羅則負責將合一能量帶進人類的生活，靈魂合一曼陀羅的成員們也負責傳遞揚升的訊息。

揚升漩渦是新實相的綠洲，地球的跨維度流光旋渦。有些能量漩渦會在世界各地形成知名的能量聖地，有些則是幻化成靈魂合一曼陀羅。揚升漩渦是六維的天使存有，這些天使們將二元轉化成合一，並且協助人們啟動光體。祂們幫助靈魂家族、靈魂伴侶和雙生靈魂們在靈魂合一曼陀羅中相聚，祂們也協助加快人類的集體啟蒙和揚升進度。祂們就像駕著大寶法船的船夫，能將所有人類渡往彼岸的合一螺旋。

揚升漩渦是神聖介入的工具，它可以打破二元世界的因果法則（業力），進而引進合一世界的神聖恩典。揚升漩渦會相互連結成一個生生不息的地球流光光網格，並且透過型態發生場的諧振作用達成地球的實相轉換。

靈魂合一曼陀羅是揚升漩渦在實體世界的化身，覺醒的存有們以跨維度的羈絆組成他們的靈魂合一曼陀羅。它們聚在一起修行，一起揚升。集體修行可以大幅加快揚升的進度。

靈性啟蒙是一套提升振動頻率的法門。一階啟蒙意味著放下對肉體的執念，通過一階啟蒙的人將不再認為自己是由物質所組成。

二階啟蒙意味著脫離自己的情緒體（星光體）。以前一個人通常得輪迴五次以上才能從一階啟蒙過渡到二階，但是現在你們只需要用幾年的時間專注修煉伊普撒魯坦陀羅（tantra）瑜珈就能更上一層樓了。

三階啟蒙意味著脫離自己的下層心智體。你們在三階啟蒙的第一至第六層要逐步淨化和脫離自己的因果體。一旦通過三階啟蒙的第七層，你們將不再擁有因果體，你們將會擁有更高層次的心智體（瑪那）。

當你們進入四階啟蒙的大門，你們就必須直接面對修行門檻的關主。換句話說，你們會越來越清楚自己在進入三維世界時所接受的各種植入物，接著你們必須用意識將這些植入物轉化成光。另外，你們必須從頭到腳都選擇進入合一的世界，才能夠通過四階啟蒙的考驗。通過四階啟蒙意味著你們徹底地淨化自己的肉體、情緒體和心智體，同時也代表你們能徹底善用本身的自由意志。最後你們將得到救贖的單質電火洗禮，從娑婆世界中完全解脫。

一旦你們在四階啟蒙中完成全部身體的淨化，你們就能成為光與愛的純淨化身。一切的苦難都將離你們遠去，這就是自由的真諦。

一旦你們通過五階啟蒙，你們將成為精通時空和物質的睿智大師，這時候你們已經抵達了修行的里程碑——揚升。

當靈魂合一曼陀羅的核心成員修煉到第四啟蒙的時候，他（她）會形成光與愛的純淨能量管道。他（她）的能量可以有效調和整個曼陀羅，進而加速開啟曼陀羅的集體光體和其他成員的揚升進度。

為了讓靈魂合一曼陀羅能夠順利運作，男性和女性能量的集體融合是必要的過程。兩性的能量結合可以促使二元轉化成合一。曼陀羅最有效的組合方式是讓多位女性圍繞一位男性：中間的男性負責傳導救贖的單質電火，而周圍的女性負責祈請愛的太陽磁性火焰。

星光兄弟會在亞特蘭提斯時代就將靈魂合一曼陀羅引進地球。這個兄弟會是揚升大師兄弟會的分支，專責在地球上錨定合一。身為星光兄弟會的姐妹團體，星光教團在地球的歷史長河中創建了許多著名的曼陀羅。例如亞特蘭提斯時代的愛希斯（IS:IS）曼陀羅、古埃及的盧克索曼陀羅、耶穌與十二門徒的曼陀羅，圓桌武士的聖杯曼陀羅以及西藏濕婆（Shiva）及薩克提（Shakti）的密宗曼陀羅。

大概 25,800 年前，天狼星蒼穹大會堂將一群星星小孩送往地球。這些星星小孩的光體中夾帶著將二元轉變成合一的聖光編碼。隨著太陽系即將進入下一輪為時 25,800 年的宇宙循環，地球也即將進入合一，這些光編碼正在逐漸地啟動。星星小孩的內在就像是個天真無邪的小孩子，他們投生地球的次數屈指可數，所有世代的星星小孩都肩負在全地球創建靈魂合一曼陀羅的重責大任。

♥團體合一冥想

團體合一冥想是很美好的聚會練習，可以有效地將與會者的集體意識凝聚成一。

1 所有人手牽手圍成一個圓，一起感覺圓圈的中心注滿了純粹的宇宙之愛。

2 閉上雙眼，雙手放下，往圓圈中心移動，跟彼此聚在一起。

3 身體輕柔地靠在一起，身心都放鬆並信任在場的每一個人。

4 所有人走進圓心，緊密地形成一個點。

5 一起吸入光，吐出光，讓光填滿身體的每一個細胞。保持這樣的呼吸一段時間，感覺眾人的意識和身體完全合為一。

♥靈魂合一曼陀羅是靈魂家族、靈魂伴侶及雙生靈魂環環相扣的跨維度全息圖

靈魂合一曼陀羅會先從靈魂家族成員開始團聚。靈魂家族是你們真正的家人，你們的星際夥伴、兄弟和姊妹。你們在通過一階啟蒙之後就會與自己的靈魂家人團圓。靈魂家族的神聖融合會形成五維的流光能量場——也就是曼陀羅光體的氣場。這個能量場可以讓曼陀羅成員團聚之後啟動曼陀羅的光體。

曼陀羅成員接著會隨著靈魂伴侶刻骨銘心的感情進入更深層的合一。靈魂伴侶是一對心有靈犀、相知相惜的男女情侶。你們得先通過二階啟蒙才有可能建立起穩定的靈魂伴侶關係。靈魂伴侶的深厚感情會在靈魂合一曼陀羅中散發出六維的磁性之愛。

最後，原本投生到兩具軀體的雙生靈魂將會合而為一，雙生靈魂是彼此的完美情人。你們通過三階啟蒙之後就有機會與雙生靈魂邂逅。雙生靈魂的結合會在靈魂合一曼陀羅中錨定七維的合一奇蹟能量。

對於通過四階啟蒙的曼陀羅成員而言，所有的能量都可以隨心所欲地表達並且昇華成純淨的宇宙之愛。這時候的互動關係已經不存在男女之別，因為所有成員都已經化身成宇宙的光之天使，而且曼陀羅的集體光體已經完全啟動。

所有在靈魂合一曼陀羅團聚生活的存有們都是合一神聖火花的跨維度投影。這些原先四散在浩瀚星海中的星際原質將會透過曼陀羅回歸於一。這些環環相扣的跨維度融合以螺旋運動在地表形成了揚升漩渦。揚升漩渦會充當三維世界和七維世界之間的能量緩衝區，並且在最後促成曼陀羅成員的集體揚升.

♥靈魂合一曼陀羅和光之島

當靈魂合一曼陀羅啟動光體之後，它會對外顯化成光之島。光之島是合一的神聖幾何社區，同時也是人間的天堂社會。

不論是生活必需品、資金和能源，所有的光之島都是自給自足的，它們是二元世界中的合一綠洲。光之島的居民們會在日常生活中獲得關於揚升的指引和協助。光之島會相互連結成地球光網格，並且將愛與揚升的能量傳遞給全人類。

光之島的居民將展現出源自合一意識的真愛。他們會開始與星際家人、光飛船（光之空島）攜手合作，開始進行身心靈的療癒。乙太醫學科技和靈療技術將會創造無數的醫學奇蹟。光之島的居民們將透過修煉銀河坦陀羅（tantra），逐漸進入更深層的合一。科學家們將會開始鑽研物質振波科學，深入發掘宇宙的奧秘。藝術家們會開始用流光創作跨維度的精美作品。工程師們會開始用乙太物質（普拉納）為光之島提供源源不絕的免費能源。總而言之，光之島將會是遍佈新地球的模範社區。

♥靈魂合一曼陀羅的準備作業

1 個人的準備工作

任何想加入靈魂合一曼陀羅的人都必須全心全意地投入揚升修行。不論生活中發生任何事情，不論外在大環境如何變化，他（她）對自己的揚升都必須具備無條件而且絕不妥協的決心。

任何希望加入靈魂合一曼陀羅的人都需要無時無刻地清理自己所有的身體。他（她）將透過充分的休息來調養自己的肉體，同時藉助地、水、火、風四大元素進行清理。接著他（她）就要用愛心和關注淨化自己的情緒體。心智體則透過三角合一冥想淨化。最後你們將邀請與你們最親近的揚升大師降臨自己的因果體，並且請祂幫忙協助淨化因果體。

當你們淨化到一定的程度之後，你們將會下定牢不可破的決心，加入或創建一個靈魂合一曼陀羅。一旦你們決心已定之後，宇宙將會引導你們進入下一個階段。這個階段通常是開啟你們內在的聖光編碼。你們可能會偶然讀到一則內容精闢而且深入內心的通靈訊息，也可能看到一幅讓你們覺醒的曼陀羅繪畫。

捷克隕石或玻隕石之類的星際之石都是很好的輔助工具，它們可以幫助你們啟動體內的聖光編碼，各式各樣的隕石都是通往合一的跨次元門戶。你們可以把它們排列成各種神聖幾何圖形，這些曼陀羅將幫助你們顯化真正的靈魂合一曼陀羅。

黑玻隕石（中印玻隕石）在87萬年前從獵戶座安星門（參宿二）來到地球，它們可以將二元轉變成合一，它們錨定著宇宙的第一道光：神聖意志之光。

亞利桑那隕石和哥倫比亞隕石都是來自天狼星的棕紫色玻隕石，它們夾帶著愛及神聖恩典的能量，它們錨定著宇宙的第二道光：神聖之愛。

捷克隕石是美麗的綠色玻隕石，它們在1500萬年前從昴宿星團的阿爾塔（昴宿六）星門來到地球。它們可以喚醒你們的內在的星際天使，並且錨定宇宙的第三道光：神聖之光。聖杯就是星光教團用捷克隕石打造的神聖高腳杯，聖杯的功用是在實體世界錨定和協調地球的靈魂合一曼陀羅。你們可以用幾顆捷克隕石組成象徵聖杯的曼陀羅。

2　開啟曼陀羅

當你們的光編碼啟動之後，宇宙會引導你們開始與曼陀羅的其他成員們相遇。你們可能在不經意的場合中與他們邂逅，你們也許會在現有的靈修團體中認識他們，你們也可能在成立修行團體的過程中吸引他們加入。

當曼陀羅有三名以上的成員們在身心靈各方面都建立起深厚感情，靈魂合一曼陀羅就會開始運作。曼陀羅的成員在生活各種層面都不能有隔閡，他們要學會互相扶持，並且願意藉由身心靈的融合加深彼此之間的感情。你們在加入曼陀羅的團體生活之前就必須放下所有不圓滿和可能拖延曼陀羅發展的人際關係，靈魂合一曼陀羅的所有成員都必須真誠相待並且專心投入揚升的修行。曼陀羅的成員最好每週至少聚會一次：一來錨定大家的合一能量，二來可以加深彼此的羈絆。

曼陀羅的團體修行生活沒有折衷的餘地。一旦曼陀羅的所有成員都能專心精進，所有人的揚升修行都會有如奇蹟般順利。所有對二元世界的牽掛和妥協都會降低曼陀羅的振動頻率，使得曼陀羅的團體生活變得更加困難。所有曼陀羅的成員都必須誠實面對自己並且對自己的陰暗面負責，而不是自欺欺人或是對其他成員表現負面的行為。另外，靈魂合一曼陀羅不能容許忌妒或是任何過度依賴的互動關係。

當所有的條件滿足的時候，靈魂合一曼陀羅就會像蓮花一樣綻放，並且對外散發出純淨的宇宙之愛，進而在地球上實現宇宙的神聖計畫。

♥靈魂合一曼陀羅的組成冥想儀式

1 觀想天上出現一顆璀璨的十二芒星。這顆十二芒星繞著中心點不斷地順時針旋轉，散發著合一的臨在。

2 觀想十二芒星的中心點發出一道七彩繽紛的彩虹光旋渦。漩渦往下穿過自己的頂輪、三眼輪、喉輪，然後抵達心輪。

3 觀想自己的胸口出現一顆耀眼的小十二芒星。小十二芒星以水平方向與天上的十二芒星順時針轉動。小十二芒星的中心點靜止不動，在太虛之中散發著耀眼的光芒。

4 感受自己與靈魂家族、靈魂伴侶以及雙生靈魂合為一體的渴望。讓胸口的小十二芒星不斷地旋轉，對外擴張；同時對外發送你們的渴望和呼喚。觀想胸口的十二芒星不斷地變大，超越了自己所在的城市、國家、大陸乃至於全世界。觀想摯愛的靈魂兄弟姊妹們回應了你們的呼喚，他們來到你的身邊並且與你合為一體。

5 觀想所有人騰空進入天上的十二芒星，然後與星際兄弟姊妹們合而為一。觀想所有人一起前往獵户座，然後進入獵户座腰帶中間的安星門。

6 眾人在安星門另一端的合一世界待上一段時間。最後齊聲唱頌三次神聖咒音：OM。冥想儀式到此圓滿完成。

第二章

地下光之王國

大約在25000年前的亞特蘭提斯時代，地球淪為一顆被黑暗勢力佔領的隔離星球。一部分的光明勢力被迫撤退到地表以下建立新的文明。他們在地底下興建許多光之城市，並且用錯綜複雜的隧道系統相互連接。

這個地下光之王國就叫做阿加森(Agartha)或香巴拉(Shamballa)，但是千萬不要將它與列穆里亞時代的乙太城市——香巴拉混為一談。因為後者打從列穆里亞時代起就一直是地下文明的靈性燈塔。

地下城市的居民們在國王聖納・庫馬拉大師的英明領導之下，在自己的靈性道路上精進不懈。

阿加森地下世界的居民們每天都過著充實又祥和的生活，他們用紮實的靈性修行豐富自己的精神生活，同時在日常生活中將先進的亞特蘭提斯科技發揮到盡善盡美。每一位居民都知曉自己的神聖使命，並且在實踐天命的過程中與其他人建立起和諧的人際關係。

在第四次亞特蘭提斯大洪水之前，阿加森的人民成功抵禦過好幾次黑暗勢力的攻擊行動。大洪水過後，一切都變得不一樣了。黑暗勢力開始攻入阿加森世界，而阿加森的人民也開始在某些地下區域興建要塞。西藏聖典——德基安之書（Dzyan）記載著：『創世者與毀滅者之間爆發了戰爭，一場爭奪空間的戰爭。』大戰之後，光明勢力被迫離開許多他們曾經居住過的地方。

過去全世界的地底下都有著四通八達的地下隧道系統。地下隧道系統的西線起點站位於智利的阿塔卡馬沙漠的下方，沿途通往南美洲的蒂亞瓦納科、秘魯的庫斯科、美國雪士達山、美國大提頓峰，然後順著美洲大陸及大西洋的下方通往西非的阿特拉斯山脈，穿過阿哈加爾山脈/提貝斯提山脈，最後抵達終點站——吉薩大金字塔。巴西的馬托格羅梭州的下方曾經有一個重要的樞紐站，過去阿加森世界的人民會利用這個站點與地表的亞特蘭提斯城市保持非常緊密的聯繫。

戈壁沙漠的地表曾經有一座亞特蘭提斯時期的殖民城市。當時的戈壁並不是沙漠，而是一個亞熱帶的人間樂園。同時期的喜馬拉雅城邦聯盟(The Himalayan network)則是這座城市在地底世界的翻版。城邦聯盟發源於戈壁沙漠的地底，往西擴張到塔克拉瑪干沙漠，再往前延伸至帕米爾高原，往上延伸至阿爾泰山脈、喀喇崑崙山脈、巴爾蒂斯坦地區，往下則通往崑崙山脈和羌塘高原，止於喜馬拉雅山脈。

亞特蘭提斯大洪水過後，某些地表世界的團體在靈性和科學方面取得了重大的進展。為了躲避地表黑暗勢力鋪天蓋地的追殺，他們決定撤退到地下的阿加森世界。這些來自地表的智囊團大幅縮短了阿加森世界在科學與工藝領域的復原進度。在眾志成城的努力之後，他們重新打通了古老的亞特蘭提斯隧道系統，修復了亞特蘭提斯時代的古董級機械，並且沿著地下河道以及地下能量流拓展了原先的地下生活空間。當時的科技進展有如一日千里，除了亞特蘭提斯時代舊有的水晶科技之外，他們還成功開發出瞬間傳送室和自由能源科技。

阿加森世界的地下城市利用超高速列車互相串連。這些列車採用磁流體驅動技術 (MHD:magneto-hydro-dynamicdrive)，時速可達每小時 4800 公里（將近四倍音速）。阿加森人先前就成功聯繫到參與地球隔離前夕撤離行動的銀河艦隊，而同屬光明勢力的抵抗運動也一直不斷地派遣生力軍至阿加森世界。抵抗運動很久以前就在月球、火星、小行星、太陽系外圍行星的諸多衛星以及X行星上面設有星際基地。

遠在古希臘時期，有些殖民者遠渡大西洋，抵達巴西以及美國的西岸。他們上岸之後就遇見了當地的阿加森人。許多古老文明（例如：馬雅文明）最後都無影無蹤地消失，其實它們都是遷徙到阿加森王國。就在幾十年以前，有些霍皮族的族人還有跟阿加森世界保持聯繫。

星光教團在阿加森世界裡面非常地活躍。教團的成員們積極地處理地球上各種分離現象，並且誓言讓二元性實驗圓滿結束。阿加森的諸位君王們曾經都是十二理事會的領導者，也是聖納・庫馬拉大師的能量代行者。

有些美國總統和其它國家的領導人曾經在任期內見過阿加森世界的君王。地表世界經常受到阿加森的靈性知識洗禮，特別是位於印度及西藏的喜馬拉雅城邦聯盟。大概一千多年前，阿加森世界的代表們到巴基斯坦的吉爾吉特地區傳授坦陀羅（tantra）學說。他們在十九世紀深刻地影響了海倫娜・彼羅夫娜・布拉瓦茨基，並且與海倫娜親自會面之後協助她成立神智學會。到了二十世紀初期，阿加森世界的居民超過兩千萬人。

公元1914年，第一次世界大戰爆發，黑暗勢力開始大舉入侵阿加森世界。成千上萬的黑暗爪牙從中國、印尼、中東和非洲無數的地下基地傾巢而出，經由大西洋的海底隧道攻入墨西哥和美國西南部，企圖壓制阿加森文明在西方世界日漸崛起的靈性影響力。

當年地底世界的戰況極為慘烈，而第一次世界大戰及第二次世界大戰其實就是幾場大戰役的縮影。1945 年第二次世界大戰結束，光明勢力勝利之後，阿加森世界專注於加速西方世界的靈性覺醒。黑暗勢力則矢言消滅喜馬拉雅城邦聯盟。於是他們在 1950 年教唆中國政府佔領西藏。1996 年，黑暗勢力發動剛果入侵，阿加森世界被打到體無完膚。到了 1999 年，阿加森世界只剩下些許老弱殘兵，等同處在滅亡邊緣。1999 年的年底，抵抗運動派遣一支非常強大的生力軍。這些自由戰士來自小行星帶和 X 行星。X 行星是一個半徑 9000 英里的淺藍色星球。星球地表覆蓋著甲烷冰。X 行星以非常傾斜的橢圓軌道圍繞著太陽公轉，距離太陽為 60 至 70 億英里。

公元 1996 年至 2003 年，黑暗勢力的權勢達到頂峰。黑暗勢力的外圍成員是天龍人。它們是來自阿爾法天龍星系的類人形生物。他們自從亞特蘭提斯時代以來，就一直企圖藉由『新世界秩序』計畫來大舉奴役全地球的人類。他們透過政治手段製造國家之間的衝突，並且在世界各地引發戰爭，從中牟取暴利。他們主要的活動地點在華盛頓、布魯塞爾以及羅馬。

他們利用接種疫苗將奴隸晶片植入到人體，並且使用奈米電子儀器控制人類的思想。他們在教會、共濟會及秘密社團中的代表則負責打壓人類的靈性並且刻意製造宗教衝突。

光明會是地表黑暗勢力的核心，也是地球奴役體制的管理者。唯有光明會的成員可以直接與地球隔離區的真正主宰們溝通互動。數百萬年前，獵戶座的黑暗之主們利用基因工程創造了這批統治生物。這些生物們從亞特蘭提斯時代以來就一直妨礙地外的先進文明進入地球，並且劫持人類作為人質，而且經常威脅發動核子戰爭。這些生物大部分都會使用複製的人體軀殼，不過他們真正的樣子是各種生物的突變種。例如：蜘蛛、甲蟲、昆蟲、蠕蟲以及巨蛇。

它們唯一的目標就是散播惡念、恐怖和邪惡，並且徹底控制宇宙萬物。植入物是它們控制人類的主要手段。植入物是一種可以執行負面程式的水晶，黑暗勢力利用功能強大的電子設備將它放入地球上每個人的肉體以及能量身體。植入物的主要功能是產生時空黑洞異常，將人類大部分的意識扭曲成大腦難以解讀的雜訊，進而干擾人類的心智及情緒。

這些恐怖生物利用時空電磁室維持地球周圍的扭曲時空結構。這種時空室類似費城實驗中所使用的時空扭曲設備。他們的爪牙在世界各地威脅恐嚇、欺壓善良，極其有效地阻礙地球的進化。他們假扮成普通人，滲透到人類社會的各個角落。他們用盡所有的非法、恫嚇和暴力的手段阻礙雙生靈魂相遇。它們甚至在秘密地下基地採取極端恐怖又變態的方式強暴和蹂躪許多人類女性，使得這些女性的身心都受到重創，進而阻礙地表世界的性能量流動。它們也會製造各種的不幸和創傷記憶，使得受害者淪為多重人格扭曲的奴隸。

幸運的是，黑暗勢力氣燄猖狂的時代已經過去了，光明勢力正在一步接一步地擊潰他們。1999年年末，七千萬名抵抗運動的生力軍從X行星的傳送室進入地球。他們在不久的將來會徹底改變地球的社會體制。古老的亞洲傳說曾經預言：『香巴拉的戰士們將會來到地表，消滅所有的黑暗。』

整體來說，抵抗運動擁有非常先進的科技。好比說：傳送室、自由能源、生物複製技術以及生化科技。他們也有自己的地下城市，大部分都位於歐洲及美國中大型城市的下方。這些地下城市利用更先進的真空管磁流體驅動列車互相串連，列車時速高達每小時24,140公里（音速的十九倍）。抵抗運動的地下文明是阿加森王國的繼承者，因為阿加森王國在1996年至1999年間受到黑暗勢力的嚴重破壞，幾乎只剩下斷垣殘壁了。

地表光明勢力的核心是亞特蘭提斯網路的城邦代表。這是一個由幾千名靈性修行極高的大師們組成的團體。從亞特蘭提斯時代以來，這個團體就一直守護著亞特蘭提斯的神聖遺產。亞特蘭提斯的遺民在喜馬拉雅山脈、南加州、大溪地附近的環礁、的的喀喀湖的底下仍保有一些居住空間。他們鼓勵所有人追尋建立和諧社會的理想，而這個和諧社會就叫做『新亞特蘭提斯』。

抵抗運動簡介

抵抗運動的主要成員在1999年12月從X行星透過傳送室來到地球。他們選擇落腳在過去黑暗勢力跟阿加森王國殘部以及『組織』激烈戰鬥過後所遺留下的地下基地。

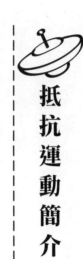

『組織』算是現在抵抗運動的前身，也是人類從古至今對抗黑暗勢力的最前線。1975年到1999年間，『組織』的指揮總部位於距離紐約地下鐵系統約1000呎(304.8公尺)深的地方。

當『組織』的老弱殘兵得到抵抗運動增援之後，他們一同翻修了許多地下居住設施並且將指揮總部遷到新的地方。目前抵抗運動大多數的據點都位於距離地表都會區約100呎(30.48公尺)到8.6英里(13.8公里)深的地方。更精確的說，這些據點絕大多數位處地下150呎(45.72公尺)到1500呎(457.2公尺)之間的區塊。所有據點都配備強化氣密門而且不受病毒、沙塵、髒空氣、微型/奈米晶片等地表物質影響。居住設施則用一種特定方式建造以避開諸如地下電纜、供水管線、地下鐵、礦坑、軍事設施⋯⋯等等地表人類蓋的東西。抵抗運動將他們幾個最重要的據點設在紐約、洛杉磯、鹽湖城、倫敦、慕尼克和盧比安納這幾個大城市。

離地表較近的據點有時候會使用特殊的光反射系統收集太陽光當作照明，而離地表很深的據點則採用自由能源室散發出的柔和光線。因為地底下周遭環境的溫度很高，這些居住設施都有作好熱絕緣處理。

抵抗運動的組織結構是個分作三層的同心圓。最裡層的是數十位抵抗運動領導人，只有身經百戰、精明幹練的勇者才足以擔當這樣的重責大任。組織的中堅份子涵蓋了在企劃、組織管理、科研、心理學、醫學、療癒、靈性、創意、藝術、音樂等領域具有獨特天賦，人數多達上千人的專家學者。軍事力量負責建立起組織的外圈，他們不是地表人類熟悉的阿兵哥，而是馳騁沙場的星際戰士——這些勇士並非擁槍自重的莽夫，而是一群有著極高靈性造詣的俠義之士。他們的工作是將地球表面從黑暗勢力的手中解放出來，並且幫助人類打造全新的星際文明。

目前黑暗勢力仍藉由本身的軍事優勢阻擾抵抗運動大多數的地表活動。當抵抗運動取得軍事勝利之後，他們就可以消除人類社會中所有的疾病和貧窮。抵抗運動還持有價值超過一百兆美元的金融資產，這筆鉅款在他們勝利之後也會被釋放出來嘉惠全人類。

組織的科技足以讓日常生活不虞匱乏，因此金錢也非必需品。成員會在極少數的地表活動場合使用少量的金錢。組織的人才都能適得其所，也不會有強迫勞動的情況。大家都是為了滿足內心想當創造者的需求而工作。組織鼓勵大家盡情揮灑才能，不會有地表上懷才不遇的問題。藝術家可以盡情作曲或者鑽研繪畫和雕塑。組織的中堅份子還特地蓋了好幾座收藏亞特蘭提斯和希臘羅馬時期等進步文化的珍品當作靈感泉源呢。

所有的抵抗運動成員都可以從昴宿星情報網路取得重要的資訊。成員社會的基本組成結構不像是地表人類的婚姻家庭，而是人們依照靈魂連結所合一構成的靈魂家庭。成員之間的關係相對地開放許多，可以自由地表達內心情感和生理的性能量。不過並非所有人都克服了幾年前跟黑暗勢力激烈衝突的陰影，所以成員之間偶爾還是會有小摩擦。組織本身的科技非常發達，目前正積極地與在太陽系擁有許多要塞的銀河光明聯盟合作當中。

抵抗運動的科學和工藝技術十分先進。抵抗運動正積極地與銀河聯盟合作，後者在整個太陽系都設有要塞。抵抗運動的成員們利用傳送室進行遠距離旅行，特別是往來小行星帶和X行星的旅程。

抵抗運動還使用物資產生艙。這種設備可以將乙太物質變化成任何東西：各種機器、裝備、日常必需品和食物。有一些人偏好用傳統的方式打理三餐——種菜及烹飪。

自由能源艙是抵抗運動的主要動力來源。他們利用乙太物質生產各種能量。最近這項技術正逐漸被超光子能源(tachyon energy)取代。這種能源跟電磁輻射無關，是一種乾淨的光能源。

利用超光子接收器，超光速粒子就可以穿透各種物質，使其變成可以散發超光子的物體。這個過程就叫做超光速粒子化(tachionization)。抵抗運動利用這項技術製作出非常有效的養生飲料。這種飲料可以活化身體細胞，甚至可以使人長生不老。

抵抗運動的生物複製技術已經發展到完美的階段，每個人都可以依照自己的喜好選擇自己想要使用的軀殼。除了偶而情緒造成的生理症狀之外，抵抗運動成員們並沒有健康方面的問題。他們不會用手術切除可能有問題的身體器官，而是用特殊的器官產生艙直接進行更換。

抵抗運動的生物專家發明了一種『生體皮膚』。這種生物敷料可以在短時間內治好各種外傷。隨著納米技術的演進，他們也發明了微型機器人，用來清除各種病毒和有害的生物晶片。

抵抗運動的電腦專家已經駭入了黑暗勢力的大型電腦主機。這台主機有一個控制人類思想的程式，而且它還控制著一個深植在全人類大腦中的微生物晶片網路。

電影《駭客任務》的情節就是非常寫實的例子。一旦這台黑暗勢力的大型電腦主機被徹底摧毀了，生物晶片網路就會開始瓦解。接著人類就在一陣詫異中驚醒：原來自己長久以來都是生活在楚門的世界，對自己、別人、大自然乃至於全宇宙都是無比的陌生。你們最後一次欣賞日落是什麼時候呢？

抵抗運動的靈性導師們來自亞特蘭提斯城邦聯盟。亞特蘭提斯城邦聯盟也有三層同心圓的社會結構。最裡層的是數十名亞特蘭提斯大祭司。他們在兩萬五千年前從地表撤離進入地底世界。他們已經修煉到長生不老的境界，所以他們還是用著兩萬五千年前的身體。為保持意識的純淨，他們一直以來都深居簡出，不與地表世界往來。大祭司們是最後一群從亞特蘭提斯時代以來始終如一的團體。他們一同生活在喜馬拉雅山的能量聖地，並且用獨特的方式與揚升大師的淨光兄弟會 (Great White Brotherhood)，以及世界之王——聖納・庫馬拉 (Sanat Kumara) 保持聯繫。他們的工作是充當揚升大師和未揚升的人類世界之間的溝通橋樑。

亞特蘭提斯城邦網路的中層圈有著數百名的中堅份子。他們只跟內圈的大祭司們及銀河聯盟互動。他們的工作是守護亞特蘭提斯的各種文明遺產。

亞特蘭提斯城邦網路的外層圈由幾千名成員組成。他們與抵抗運動保持密切的聯繫。他們也開設神秘學校，提供抵抗運動的成員們各種靈性課程，這間神秘學校完整傳承了古亞特蘭提斯以降的各項傳統。他們有時候也會發送靈性知識給地表人類，進而影響地表世界。

過去地表世界一些意識水平很高的高人名士也成為了亞特蘭提斯城邦網路的外圈聯絡人或中堅份子。他們有些人已經揚升或者離開地球，有些人現在仍亞特蘭提斯城邦網路生活。

亞特蘭提斯城邦網路有著無數輝煌壯麗的地下宮殿。這些宮殿有著絢麗的水晶裝飾，周圍有瀑布及流水環繞。亞特蘭提斯時代的遺產正在水晶神殿中靜靜等待著一個偉大的時刻——新亞特蘭提斯在地表世界上浴火重生。

銀河戰爭

宇宙的誕生是『絕對』與『偶然』之間相互拉扯的結果。雖然絕對意味著永恆、無限和完美，它的力量卻因為偶然的蒙昧無知而有所限制。偶然代表的是絕對的邏輯對立面：短暫、匱乏和殘缺。

偶然以潛在隨機波函數的形式存在，並且透過絕對的意志顯現成一個多次元的時空薄膜。宇宙則在這個薄膜中誕生。絕對利用其自由意志（第十三道光）介入到我們的宇宙，讓這個宇宙從一片混沌當中出現了十二道意義非凡的光。這十二道光象徵宇宙的十二種能量特性。地球史書上僅記載著前面七道進化之光。現在，後面的五道神性之光也將在此公諸於世。這十二道光分別是：

第一道光：意志

第二道光：愛

第三道光：創造萬物的智慧

第四道光：和諧
第五道光：博學多聞
第六道光：理想主義
第七道光：顯化
第八道光：神聖恩典
第九道光：聰明才智
第十道光：整合
第十一道光：跨維度的連結
第十二道光：絕對正面性

絕對在宇宙裡守護著正面的人事物，並且提供進化的動力。偶然則帶來了負面的人事物，並且阻礙進化。真相總是跟某些人揣測的大不相同：只有善才能引來更多的善；而所有負面的人事物和受苦受難從來無法讓天地萬物學習到高深的道理。絕對的目的是：讓自己融入偶然並且引導宇宙的進化，直到所有的偶然都與絕對合為一體。絕對在宇宙中選擇了本星系群作為合一儀式的場地，祂要在這一個扇區清除偶然最負面的部分。

▲譯註：本星系群是包括地球所處之銀河系在內的一群星系。這組星系群包含大約超過50個星系，其重心位於銀河系和仙女座星系之間的某處。本星系群中的全部星系覆蓋一塊直徑大約1000萬光年的區域。

阿爾基惡魔曾經是一群天使存有。他們在數百萬年前企圖藉由自己的意識轉化偶然，因而選擇進入象徵偶然的物質界。但是他們後來與偶然相處的時間太長，加上彼此之間使用的植入物害得他們失去了自我意識，迷失在黑暗之中。這就是黑暗領主的由來。

黑暗領主們開始攻佔星球，對當地居民強加植入物之後進行奴役。他們也開始利用基因工程製造變異種族。揚升大師們當時將黑暗勢力的影響範圍侷限在我們的銀河系以及M31仙女座星系。光明勢力也組建了星際艦隊，開始解放佔領區。銀河戰爭就此揭開序幕。

光明勢力在仙女座星系大獲全勝之後，黑暗勢力便倉皇逃到了我們的銀河系。那時候在銀河中央太陽周圍出現了一個高等文明——銀河中央文明。這個文明隨後不停地建造我們銀河系的光之網路。銀河傳說提到：銀河光網路將在不久的未來完成，屆時所有的黑暗勢力都將從宇宙中絕跡。

因此，黑暗勢力不得不逃離銀河系中心充滿光的區域，前往進化程度較低的地方。他們在獵戶座的參宿七周圍選擇一顆黑暗星球做為他們的大本營。黑暗的中心點是一名被俘虜的天使存有。祂因為強力植入物的影響而變異成馬蹄型的怪物。

光明勢力在兩萬五千年前的勝利將黑暗勢力的主要活動範圍限制在銀河系的一個特定扇區——地方標幟區。這個扇區的中心點在昂宿星團，半徑為一千光年。光明勢力在地方標幟區內的以下星系中都設有指揮中心：昂宿星團、天狼星、畢宿星團、參宿四、獵戶座腰帶上的艾安拉星門、獵戶座的馬頭星雲，織女星、天琴座的 M27 星雲，半人馬座阿爾法星、大角星、天苑四和天倉五。

黑暗勢力則是占據了以下星系：參宿七、阿爾法天龍星、齊塔網罟座一、齊塔網罟座二、ε牧夫座、河鼓二、五車二以及巴納德星。光明勢力的進擊迫使黑暗勢力狗急跳牆。各種變異種族在全銀河系發起武裝暴動。他們同時決定將地球納入隔離區，並且挾持地球上的人類當人質以阻止光明勢力的行動。

地球成為隔離區之後，阿斯塔藉助合一曼陀羅實現了揚升並且為地球揚升計畫開啟了一扇門。地球揚升計畫會在光的勝利降臨地球之後展開。

阿斯塔的揚升是在黑暗勢力入侵之前，光明勢力在地球上的最後一次行動。揚升大師們已經離開地球，亞特蘭提斯的祭司們亦撤退到地底世界。地球表面的後亞特蘭提斯文明開始衰敗，沒有人能逃離銀河歷史中一再上演的植入物控制過程，民眾的意識水平逐漸退化。天狼星蒼穹大會堂於是在16,000年前創建星光教團，試圖力挽頹勢，可惜他們的努力終告失敗。亞特蘭提斯最後於公元前9654年6月宣告滅亡。

雖然埃及神聖王朝竭力保留亞特蘭提斯文明的傳統，但衰敗和墮落卻一直如影隨行。3500年前，銀河中央文明強勢介入地球歷史，讓克里特島的米諾斯文明蓬勃發展。地底的阿加森文明及亞特蘭提斯網路認為這個計畫相當成功，因此他們決定積極介入地表世界的發展，也促成了繁榮的希臘羅馬時代。為了讓地球有機會揚升，星光教團也把握了這次機會。他們讓耶穌到地表幫助人類覺醒，並且讓地表民眾知道光明勢力有一套贏得終極勝利的神聖計劃。

聖光的重大勝利激起了黑暗勢力的瘋狂報復。他們從仙女座星系派出援軍到地球，使得羅馬帝國走向滅亡，並且使得人類陷入長達上千年的中世紀黑暗時代。所幸絕對在25000年前就設定了宇宙轉捩點：1999年8月11日，地球轉變的曙光開始緩緩地從中世紀的黑暗中升起。

公元1500年左右，離宇宙轉捩點還有將近500年。亞特蘭提斯網路及地底阿加森文明，一同在地表開創了繁榮鼎盛的文藝復興時代，同時也印證了古老的『七十個七』聖經預言。

時間來到1750年，離宇宙轉捩點還有250年。啟蒙運動在亞特蘭提斯和阿加森文明的引領之下開始蓬勃發展，人類社會的生活水平也跟著提升。啟蒙運動使得地表的科技突飛猛進，後來更促成了工業革命。黑暗勢力則是制定了世界新秩序計劃來進行反擊。

1875年，離宇宙轉捩點還有125年。海蓮娜・彼得羅夫娜・布拉瓦茨基女士建立了神智學會。她的努力在地表世界引發了大規模的靈性覺醒。另外許多人在新時代運動中重新認識了揚升大師，因此大師們也開始有機會介入地球的局勢，失傳已久的神秘學知識也跟著重現人間。黑暗勢力的報復手段就是發動第一次世界大戰。

1937年，離宇宙轉捩點剩下62年又6個月。當時黑暗勢力企圖阻止新一波的精神覺醒，並且開始籌備第二次世界大戰。二戰結束之後，光明勢力已經肅清了銀河系大部分的扇區。銀河聯盟開始利用UFO目擊事件和不一樣的教導方式，積極地啟發地表人類的意識。

1968 年，離宇宙轉捩點剩下 31 年又 3 個月。嬉皮運動及性解放革命帶來了新一波的覺醒浪潮。這個時期正好是美國太空計畫的發展巔峰，阿波羅計劃亦成了人類的太空探險史上最廣為人知的偉大成就。為了阻止人類脫離隔離狀態，來自仙女座星系的黑暗勢力於 1975 年發起反擊，導致嬉皮運動的衰落並且差點讓太空計畫化為烏有。他們這一次反擊的後果有些並不是淺顯易見的事情，卻是更加沉重哀痛的故事。1975 年 5 月 25 日絕對進行直接介入，在地球上開啟一道宇宙門戶，開始轉化這顆星球上的黑暗。

1983 年年底，離宇宙轉捩點剩下不到 16 年。絕對將線性時空連續體結束的景象揭示給了幾個特定人士，進而將永恆的時間軸錨定在這顆星球。1987 年 8 月 17 日，成千上萬的冥想團體一同開啟了和諧匯聚之門。這個門戶加強了地球與銀河聯盟的連結。絕對透過開啟一道跨維度的星門，將地球納入祂的關注焦點。這道星門會在 1987 年到 2012 年的時間窗口，將地球的集體意識從第三維度提升到第五維度。

1992 年 1 月 11 日，離宇宙轉捩點只剩下 7 年的時光。地球上的星際人類開啟了 11:11 次元門戶。藉由 11:11 門戶的這十一道星門，絕對逐步地將宇宙前十一道光的高能量錨定到地球。1994 年至

1996 年間，地球上出現了一扇機會之窗。當時約有 40% 的機率會發生第一波揚升。當時揚升大師們為了幫助地球揚升，真的是卯足全力，使出渾身解數了。但是大多數轉世到地球的星際眾生們行使自由意志來抵制揚升計畫。同時有些關鍵人士也做出了錯誤的決定，因而臨界質量沒有達成，揚升也沒有發生。後來揚升計畫改期到人類第一次正式與外星文明正式公開交流之後發生。第一次接觸可以讓許多人更容易選擇是否要揚升，臨界質量也會更容易達成。

為了阻止人類進入新時代，黑暗勢力在 1996 年 1 月 11 日發動宇宙入侵戰爭。這是 25000 年以來，地球歷史上最慘重的襲擊事件。地球的乙太層及星光層都爆發了大規模的核戰爭。幸運的是，由於地表人類行使自由意志反對在現實世界中發生核戰，地球的實體世界才得以倖免。這一次的入侵戰爭也使得地球上的光明勢力幾乎全軍覆沒。同一時間，宇宙中殘留的異常現象都經由被黑暗侵襲的地方標幟區進入地球。當時銀河系的其它扇區以及宇宙的其它區域，都逐漸脫離了黑暗勢力的魔爪並且進入了最後的清理階段。1998 年 5 月 17 日，地球黃道上的冬至點穿過了銀河赤道。這種現象每隔 25,000 年才發生一次，因而象徵著 25,000 週期的完結，以及下一個 25,000 週期的開始。

1999 年 8 月 11 日日全食之際，11:11 門戶的第四道星門在地球上開啟。這一天是宇宙歷史的轉折點。星門開啟之後，絕對送給宇宙一把名為『新天堂』的特殊鑰匙。這把鑰匙是一個清理工具，能讓宇宙自行清除所有的黑暗。11:11 門戶的第四道星門開啟過後，這把鑰匙徹底淨化了除了本星系群以外的宇宙區域。

1999 年 12 月，X 行星發生了對抗黑暗勢力的武裝起義。經過幾周激烈的戰鬥，X 行星在 1999 年 12 月 21 日解放了。隨後，許多 X 行星的抵抗運動成員來到地球，並且在地底下等待解放地球的最佳時機。

2001 年 3 月 25 日，本星系群使用了新天堂之鑰。當天除了我們這個特殊的太陽系之外，其他區域都獲得了徹底的淨化。2002 年 10 月 19 日，11:11 門戶的第五道星門開啟當天，絕對送給宇宙另一把名為『新地球』的鑰匙。這把鑰匙是新天堂之鑰的子鑰匙，專門用來淨化地球上的黑暗。2004 年 5 月 11:11 次元門戶的第六道星門開啟之後，我們將會收到這把鑰匙的第二部分。

2003 年 11 月的和諧整合象徵黑暗勢力在地球上的絕對霸權已經進入尾聲。邪惡的氣燄從 1996 年 1 月 11 日開始日益猖狂，並且在 1999 年的夏季接近 11:11 次元門戶的第四道星門開啟之際達到頂峰。許多古老預言都提到了這黑暗的七年。同時預言也提到這七年最終將引發宇宙的全面大淨化，而絕對會在 2012 年 12 月 21 日送給宇宙新地球之鑰的最後部分。屆時集中在地球週遭的黑暗勢力也即將在之後逐漸絕跡。

光的勝利指日可待！

地球解放計劃

這個宇宙除了我們太陽系之外的區域都已經擺脫了黑暗的異常現象。這些地方有著跟地球周圍不大相同的物理法則：傳遞訊息的亞原子粒子並不是光子，而是超光速粒子（以下簡稱超光子）。超光子是亞原子粒子，它的速度幾乎是無限的，因而有著極為巨大的能量。超光子也是宇宙第十三道光——自由意志的載體。光子宇宙內部的最大速限只能到光速，而且會受到黑暗異常的影響。現在黑暗異常正在縮小成一個點，也就是我們的地球。由於地球週圍的資訊傳輸速度最快也只有光速，地球人接收到的宇宙畫面就難免會失真，因而無法真正理解宇宙到底發生了哪些事情。

揚升大師們在超光速粒子宇宙和光子宇宙之間設置了一組超光子薄膜。自由宇宙的細微信號通過薄膜之後會轉換成光子訊號，讓人類可以用肉眼或科學儀器觀察。不過有些超光子還是會進入地球，傳遞高維度世界和星際家人的問候，從而促進人們的靈性發展。某些水晶、蛋白石或特殊處理過的玻璃都可以當作超光子的容器，進而增加現實生活中超光子的數量。

地球周圍有許多層能量薄膜，用來劃分不同的清理進度。越接近地球的地方，實體和能量層面的污染就越嚴重，異常現象也越多。

第一層能量薄膜距離地表 344,399 公里，正好就在月球軌道內側，它是太陽系星際空間與近地亞月球空間之間的邊界線。第二層薄膜距離地表 220 公里，劃分亞月球空間與地球大氣層頂部的空間，這個位置是大多數人造衛星的的最低運行軌道點。這個位置還有一個黃道十二宮的能量矩陣，黃道十二宮是亞特蘭提斯時代以來的占星術基礎。最後一層薄膜距離地表 13.8 公里，是新世界秩序圍牆的最外圍。13.8 公里正好也是商業客機能夠飛行的最高海拔，一般民眾除非財力雄厚，不然幾乎不可能飛到更高的地方。

自由宇宙中充滿了光、愛及和諧，它在揚升大師們的指導和銀河法典的輔助之下拓展和進化。這裡的眾生們都以自由意志遵守銀河法典的生活準則，他們也依照銀河法典的規範進行交流和互動，因此彼此之間不會發生衝突。

銀河法典規定：宇宙中的所有眾生都有權享受神聖恩典，而已經超脫物質束縛和黑暗魔障的揚升大師們會負責讓進化中的眾生們都能體驗神聖恩典。

宇宙的所有眾生都有權過著豐衣足食而且法喜無限的富庶生活，接著在揚升後功德圓滿。宇宙的所有眾生都有權自由行動，也有權知道宇宙中的各種人事物。因為自由宇宙的所有眾生都以自由意志無條件地選擇了合一，所以宇宙的所有眾生都有權依照彼此之間的靈魂契合度，與其他的眾生進行靈魂融合。合一是宇宙的未來，也是宇宙進入逆向時空迴圈的進化趨勢。許多預言都提到合一宇宙是一種彩虹結構，散發著令人歎為觀止的美。

至於尚未解放的宇宙區域，銀河法典也規範了銀河聯盟的人類解救活動。關於銀河聯盟不能干預地球局勢的說法，其實是黑暗勢力故意散播的謠言。事情的真相是：因為黑暗勢力挾持地表人類當人質，銀河聯盟行動的時候必須十分小心謹慎。黑暗勢力的所作所為已經明顯違反許多銀河法規。例如：發動戰爭、使用暴力、人為造成的貧窮、饑餓、疾病、限制自由、資訊審查等等。因此銀河法典要求光明勢力在地球上立刻進行有效的干預。這意味銀河聯盟將會接管權益長期受損的地球並且實施銀河法律，不管地球上現行的法律如何。將來某一天，任何人用自由意志選擇按照銀河法典的內容生活，銀河聯盟都會出手協助。一旦奉行銀河法典的人數達到臨界質量的144,000人，人類社會就會發生重大的變革。銀河法典保障所有眾生不受任何負面人事物侵害。如果黑暗勢力的成員獲得充滿愛的生活扶持和靈性成長課程之後，仍然選擇繼續為非作歹的話，那麼他們就會被送進銀河中央太陽分解，變成宇宙中的各種元素。任何改邪歸正的存有都可以回歸自由宇宙的祥和社會，過著光與愛的生活。

每個人都可以拿出決心、意志及行動來支持銀河法典，讓地球變得更美好。

只要你堅持能夠自由地進出地球，堅持想要知道宇宙中的大小事，堅持要過著精神和物質永不匱乏的豐盛生活，堅持希望與先進的地外文明互動交流，你就能加速瓦解從亞特蘭提斯時代以來就一直束縛人類腦部的以太植入物，並且加速解除地球的隔離狀態。只要你堅持自己能夠自由地愛人與被愛，並且希望自己的性能量能夠川流不息，你就能加速瓦解從亞特蘭提斯時代以來就一直打亂所有男女關係的腹部以太植入物，並且在地球上開創祥和富足的新社會。黑暗勢力的新世界秩序是一套透過操弄人類性能量、情緒達成奴役的控制系統。另外許多星光層的黑暗爪牙也會利用魔法儀式及複雜的精神科技來控制和破壞地表人類的人際關係。現在地球上太多人深陷這套系統而無法自拔，以致於沒有足夠的自由鬥士和革命家挺身改變現況，進而為地球開創新的局面。

儘管現在的地球生活非常枯燥沉悶，但轉機還是存在的。有一種物理現象正好能中肯地描述地球的未來。這個現象就是相變：當某個物理系統接收的能量達到臨界值的時候，它的結構就會在一瞬間發生劇烈的改變。例如：水到達一定的溫度就會變成水蒸氣。同樣的道理，當抵抗運動有足夠的力量可以進入到地表生活的時候，他們就會提供人類在科技、療癒和資訊等等的協助。屆時地表的社會結構就會發生相變——股市將率先崩盤，連帶現今的剝削體制跟著土崩瓦解。奈米科技、物資產生艙以及自由能源技術將會為全民帶來富足安樂的幸福生活。接著昴宿星人將會公開亮相，引領人類邁向光明璀璨的偉大時代。昴宿星人也會利用超光子科技在地球上錨定一個通往高維世界的門戶，讓揚升大師們重新降臨地球。揚升大師們隨後將執行地球三波揚升計畫，並且用好幾年的時間進行大撤離計畫。地球會在大撤離期間會發生物理性質的轉變，成為一顆光之行星。到時候宇宙中所有的黑暗和異常現象都會完全消失，新亞特蘭提斯文明也會在地球上誕生。它將是個光明、萬物合一又祥和的輝煌文明。這個願景極有可能在2012年12月21日實現。

銀河法典

地球是全宇宙最後一個被黑暗勢力佔領的星球。她也是這場銀河戰爭的最後戰場，為時數百萬年的銀河浩劫將在地球上做個了斷。

隨著銀河系即將擺脫黑暗勢力的束縛，光明勢力出於保障所有眾生的迫切需要，已經發展出一隻軍事力量確保所有眾生可以加入選擇和諧宇宙社會的基本自由。銀河聯盟成員為了發展靈性而與揚升大師們修行、結盟的過程當中，從內心深處領悟到一套行為準則。這一套行為準則規範著光明存有之間的互動關係，也規範著他們與黑暗勢力以及被佔領星球之間的往來規則。這套行為準則正是所謂的銀河法典，也是銀河聯盟在所有銀河系裡行動的法律基礎。銀河法典不是僵硬刻版的法條制約，而是一套有系統的良善道德守則。所有的光明存有都是以自由意志遵守法典的內容，因為這套法典每一條都呼應著他們內心堅信的真理和美德。

現在我們以一般社會人士的覺醒水平來闡述銀河法典。

☆第一章：神聖恩典法則

所有眾生都享有不可剝奪且無條件的權利體驗正面積極的生活經驗。

我們該知道：對於所有不受黑暗勢力或其他宇宙異常現象影響的銀河開明社會而言，痛苦和折磨是毫無意義的事情。將痛苦、折磨和犧牲視為成長的寶貴經驗只是黑暗勢力對我們編程洗腦的手段，目的是為了更容易地奴役生活在占領區的人類。

所有自由宇宙的眾生都能無條件地過著有保障的正面生活。他們都與神聖本源有著緊密的連結，並且由超越肉身的揚升大師們負責鞏固這種連結。揚升大師們也會鼓勵眾生們加強自己與源頭的連結，並且提供一切日常生活所需的事物。生命從來就不該是做牛做馬，為了生存而死命掙扎。生命本是一場充滿喜悅和創造力的奇幻旅程。第一章的各個小節規範了所有自由宇宙眾生的生活方式以及光明存有之間的互動關係，好讓大家絲毫沒有起衝突的必要。我們來看看這些條文吧。

第一章第一節：所有眾生都享有不可剝奪且無條件的權利獲得物質和靈性的豐盛。

本條文保障所有自由宇宙的眾生可以擁有無條件的正面生活經驗。揚升大師們不光是讓重獲自由的宇宙空間浴火重生而已。他們還會提供所有的生活必需品，確保所有該區域內眾生都能享受物質和精神生活的富裕跟美好。

第一章第二節：所有眾生都享有不可剝奪且無條件的權利進行揚升。

本條文授權揚升大師們可以利用先進的靈性揚升技術和救贖的電子火焰來協助一切自願選擇揚升的眾生。

第一章第三節：所有眾生都享有不可剝奪且無條件的權利與其他眾生結合，方便調整他（她）在靈魂家族曼陀羅中的位置。

本條文規範靈魂家族中所有的社交關係。它保障對立極性（雙生靈魂、靈魂伴侶）之間的結合及其他存有之間的組合關係。這些社交關係得無視對方的發展階段和外在條件。

第一章第四節：所有眾生都享有不可剝奪且無條件的權利取得所有的訊息。

本條文保障所有眾生可以獲得所有必要的資訊，幫助他們明白自己在宇宙中的角色以及用更宏觀的視野認識演化。他們也有權取得所有必要的資訊改善自己的決策判斷、身心成長和幸福。負責監督所有種族和文明進化的揚升大師以及其他存有會提供全部的資料。

第一章第五節：所有眾生都享有不可剝奪且無條件的權利獲取自由。

本條文允許所有眾生感受無限可能的身心靈成長以及生命體驗。因為自由宇宙裡面的所有眾生只會創造出正面的人事物，他們的自由從未妨礙其他眾生的自由。

☆第二章：分隔衝突群體法則

所有眾生都享有不可剝奪且無條件的權利遠離負面環境，並且保障自己不受其他存有的負面行為侵害。

本條文規範宇宙中方才擺脫黑暗勢力，但尚未成為銀河聯盟成員國的區域情勢。光明勢力依規定必須分離發生衝突的各方派系，防止他們互相傷害。光明勢力接著開始居中調解，直到平息衝突為止。本條文經常被引述用來結束戰爭和其它武裝衝突。

☆第三章：善惡平衡法則

如果眾生選擇過著反抗銀河法典的生活，選擇負隅頑抗或已經無法接受條文內容，乃至於過去的所做所為無法平衡的話，這些眾生將被送進銀河中央太陽，變回基本元素並展開新的進化週期。

本條文用來規範光明與黑暗之間的關係。當黑暗勢力失敗之後，黑暗勢力的存有們可以獲得機會接受銀河法典。接著他們要盡最大的努力彌補他們犯下的過錯，然後堂堂正正地生活。如果他們願意的話，他們會被寬恕並且加入銀河聯盟。如果他們不能或不願意接受，他們會被送進銀河中央太陽。所有的性格特質和靈魂都會被電火重組，他們的神聖火花將開始一段新的進化週期。

☆第四章：神聖介入法則

銀河聯盟具有不可剝奪且無條件的權利介入所有違反銀河法典的人事物，干預行動得無視發生違反行為的當地法律。

本條文適用於光明勢力針對被佔領星球的政策。銀河聯盟有權介入任何違反銀河法典的區域、文明、行星或太陽系。不論當地文明的狀況為何，銀河聯盟都有權利進行介入。銀河聯盟得運用所有和平的方式達成教化和維和之目的。如果違反銀河法典的行為抵達臨界點，銀河聯盟有權動用武裝力量。特殊案例就是黑暗勢力直接佔領某些行星。黑暗勢力經常挾持當地居民當人質，阻礙光明勢力的工作進度。好比說地球上的黑暗勢力就放話：如果光明勢力介入，他們就會發動核子戰爭。這就是光明勢力至今尚未解放這顆星球的主要原因（甚麼光明勢力要尊重自由意志，所以他們只能袖手旁觀地球上的苦難——大家別相信這種鬼扯）。所有牽涉到人質的解放行動都需要許多縝密的談判和行動策略。現在核彈威脅即將解除，地球很快就能重獲自由。

第四章第一節：所有眾生都享有不可剝奪且無條件的權利於必要時刻請求銀河聯盟進行援助。銀河聯盟得無視當地法律展開援助行動。

本條文是銀河聯盟針對所有被黑暗勢力挾持人質進行介入和生活援助的法律基礎。即便是條件最嚴峻的地球，光明勢力也一直盡全力幫助及提升所有眾生的生活水平。地球的狀況正好能顯示出這裡的黑暗力量曾經是無比囂張和猖狂。幸運的是，這種局面正在改變。

第四章第二節：銀河聯盟具有不可剝奪且無條件的權利落實銀河法典，並且於必要時動用武裝力量征服違反銀河法典的區域。

本條文是銀河聯盟以武裝力量解放被占領星球的法律基礎。銀河聯盟的武裝力量得主動消滅或協助當地居民推翻黑暗勢力，隨即進行人質營救行動。銀河聯盟其他的工作人員隨後會指導當地居民，逐步幫助該星球加入銀河聯盟。

或許有些人認為銀河聯盟無權介入地球事務，只有人類才有權解決自己的問題。這壓根是錯誤的想法。地球上大大小小的戰爭和對基本人權無止盡的侵犯行為，已經證明人類沒有能力處理自身的困境。最好的辦法是讓有智慧的守護者引導大家。銀河聯盟將提供協助，與我們一起驅逐目前在幕後控制的黑暗勢力。他們是人類早在亞特蘭提斯時代招來的不速之客。銀河法典終將成為全宇宙通用的道德守則，任何黑暗將不復存在。

經過數千年的打壓之後，女神正在回歸地球。她的能量正在緩緩地、幾乎無人知曉地流入人間。總有一天，神性的大愛將會懷抱整個世界。她悄然無息的母愛正靜靜地滋潤著每個人乾涸的心房。不論是祈禱、冥想、複雜的瑜伽，亦或是讀遍聖賢經典都無法滿足這種精神的渴望。這種渴望也不是世界上千奇百怪的體驗可以取代的。

數千年來，女神被父系社會的鐵拳打壓。她哭泣著、她低聲吶喊著。無數的歲月流逝，幾乎所有人都忘記她的存在。她蒼白的倒影時而出現在深藏在博物館倉庫的陳舊雕像，時而出現在亞馬遜叢林的瀑布虹彩，時而出現在戀人重逢時、小倆口對看的迷矇眼神，時而又出現在獨自跳舞的女孩的翩翩舞姿當中。

在這個男權獨霸的世界裡，女性柔美氣質的缺乏造成社會嚴重失衡，並且逐漸將這個世界推向毀滅的邊緣。由於父權體制正逐漸地瓦解，人類開始從社會矩陣的裂縫中找回過去人間天堂的記憶，而這份記憶終將要再一次成為現實。

遙想古歐洲新石器時代，人們對女神療癒力量的崇拜維持著文明的平衡，而且延續了數百代的和平和繁榮。女神曾經是一切事物的開端。她是萬物的母親，眾生的養育者，生命的守護者，更是生死輪迴的執行者。

古人會在神聖的洞穴和聖林裡舉行親密的儀式，當作獻給女神的禮物。他們也會舉辦性愛祭典、慶生典禮和靈修節日來慶祝一年四季的變化。過去女神奧秘的啟蒙儀式通常會在地下岩洞、洞穴或者類似的地下空間中舉行。啟蒙生必須步行穿過一個迷宮，並且在迷宮的中央參與女神與鹿角神(Horned God)的融合儀式。迷宮象徵著人類內在世界的地圖，象徵著靈性的旅途和人類的靈魂曼陀羅。女神與鹿角神的融合儀式則象徵著人類女性面向與男性面向之間的融合。

女神的女祭司們是時間的守護者。古人的時間觀是螺旋式的：他們以四季交替；日出日落的神聖時刻來標記時間。月亮的圓缺則象徵著女神的三位一體，也是女性一生的寫照：少女、母親及老婦人。少女象徵著生命本身，母親則是生命的給予者，老婦人則象徵著死亡。女神的三位一體昭示著生與死的自然循環，而死亡只是進入新生的大門。

女神的女祭司們也是生命能量的守護者。生命能量有兩種形式。首先，它是富饒的能量，能帶來風調雨順的物質生活。它也是性愛的能量，能帶來生生不息的靈性生活。所有新石器時代都充滿了這股生命能量。那是一個十分幸福的社會，也是現代人早已遺忘的美好時代。

可惜這個人間天堂沒有持續太久。新石器時代末期，庫爾幹蠻族騎兵從高加索大草原大舉入侵古歐洲。他們憎恨女神，仇恨女人，更痛恨性行為。於是他們殘忍地強暴當地女性，四處燒殺擄掠。他們接著創建了階級制度及父權社會。他們所到之處都是戰爭和暴力。新石器時代的人民都是和平主義者和女神崇拜者，根本不知道該如何抵抗侵略，於是他們就被庫爾幹人征服了。

即便如此，他們對女神信仰的虔誠是牢不可破的，而且還延續了數千年。蘇美地區的那迪圖(Naditu)女祭司們侍奉著愛神。雖然她們不能結婚，但是她們在神廟裡面勤奮工作，擔任信眾的療癒師和性愛啟蒙老師。這個傳統隨後傳到亞述和巴比倫，接著也影響了閃米特人。奎蒂莎（Quadesha）女祭司團是猶太人的中堅份子，而伊南娜（hierodulai）女祭司團則是希臘人重要的精神支柱。

公元395年，羅馬基督教對女神信仰痛下毒手。狄奧多西皇帝開始查禁所有的異教徒儀式。身穿黑色長袍、眼神呆滯、口沫橫飛的狂熱僧侶們開始血洗異教徒神廟、搗毀雕像、摧毀聖林、強暴女祭司。一個受盡折磨拷問，在十字架上受苦受難的男性，儼然成了基督教的象徵；接著在上千年的時光中取代柔美、誘人又性感的女神形象。

現在女神即將回歸人間。一股來自於宇宙深處女神能量脈衝在這幾十年間源源不斷地進入地球，並且將世界重新帶回平衡。這股新能量引起了許多新的靈性浪潮。例如六十年代的嬉皮運動，新異教信仰的重生，以及社會大眾對靈性話題的廣泛興趣。許多女性也找回了自身內在的女神，並且再次擔任女祭司的工作。

女神回歸了，她在聖林裡遊蕩，在溪流間穿梭。她的甜美甘泉灌溉著人類疲乏的身體及靈魂。地下洞穴和岩洞中又開始進行獻給女神的神聖儀式。光明道路上的朝聖者們，女神已經在呼喚著你們了，請加入神聖融合儀式的行列吧。

靈魂家族與2012

你們現在居住的世界離全面的大轉變越來越近。全球金融危機正是這個轉變的第一個徵兆。它是銀河中央太陽的強大宇宙能量大量湧入地球造成的結果。這股能量透過我們太陽系的外圈行星，特別是冥王星傳輸到地球。這股能量會讓被隱瞞和壓抑的事物浮出檯面。

這些能量的振動頻率會越來越強，使得地球現存的剝削體系難以延續。

金融危機將會持續到某個時間點，屆時人類就必須建立一套對所有人都公平的交易系統。2009 年是一切看似一成不變的最後一年，接下來現實世界將會發生越來越多的改變，並且在 2012 年達到高峰。地球將會突然轉變到更加光明的未來。

這些宇宙能量的變化會使得每個人必須面對自身的恐懼，開始更深入地審視過去內在不願面對的事物。這將是人類有史以來最偉大的精神轉捩點。這場金融危機是人類學會不再任人魚肉的唯一途徑，並且逐漸成為實踐天命的光之存有。

現在針對黑暗的肅清作業，已經清理到讓所有願意的人可以開始建造光的區域。

這些光之區域首先會在大家的腦海中形成共識。這種共識在舊世界裡是不可能發生的，因為我們在舊世界是以血緣家庭的觀點溝通和交流。到了新世界，我們會以靈魂家族的觀點溝通和交流。這些光之區域必須透過人類的共識成立，才能在億萬年以來的金融剝削系統崩潰的時候平穩地接軌。

血緣家庭制就是社會基本單位——這種想法其實是人類在亞特蘭提斯時代就被灌輸的幻象。這種思維模式導致我們的思緒從原本專注於滋養靈魂，變成只顧著發展自身的人格。這種基於血緣的人際關係也造成人類的基因藍圖退化。如果靈魂的能量無法進入十二股乙太DNA，人類的高等精神能力就會開始退化。家庭生活就會出現一個幻象矩陣，並將我們的生活變成一個難以捉摸的迷宮。

靈魂家族的成員轉世到現實世界之後，通常成員們會認出彼此的靈魂，更會想起自己在靈魂家族曼陀羅中的位置。他們開始明白彼此之間關係的本質和意義。一旦家族成員們在現實世界團聚的時候，揚升之門就會自動敞開，將所有家族成員的振動頻率逐漸提升至第五維度。

為了讓靈魂家族計畫在地球上實現，靈魂家族成員必須要建立起全方位的連結。最重要的就是靈魂的連結，也就是所有家族成員認出了彼此的肉身。在心智方面，家族成員們可以自由發揮想法，彼此之間互信互諒，溝通也沒有隔閡。在情緒方面，家族成員們可以表達各種情緒，彼此之間沒有心機，互相著想。至於在肉體方面，家族成員們可以自在地用肢體動作、愛撫和真誠的性愛表達男女之間的愛意。

靈魂家族成員在靈魂層面有著各式各樣的連接。雙生靈魂之間的結合是最為強大的，但是他們只會在地球文明與地外光明勢力進行第一次接觸後，才會開始陸續團圓。靈魂伴侶之間的結合也很強烈，他們之間有一種特別的吸引力，使得所有被壓抑和無意識的潛在性格得以轉化。所有的靈魂家族成員以及所有的光之兄弟姐妹之間的感情也很融洽。他們共同的使命和角色就是一起實現他們這一世的神聖使命。

靈魂家族成員之間的互動會在渦旋場中激起一圈又一圈的漣漪，進而幫助我們的三維世界搭起一座通往五維、六維甚至是七維世界的橋梁。這些靈魂的能量渦旋可以啟動人類的光體，同時也是我們提升意識層次的墊腳石。

未來靈魂家族裡面的靛藍小孩或彩虹小孩不光是由親生父母照顧，而是靠整個社區撫養成人。他們將會成為身心都更加健全的靈性世代。數千年來被宗教打壓、被現代媒體操弄的性能量也會獲得解放並與靈魂的能量整合。女性同胞們將重新發現她們身為女神的面相。她們將獲得完全的性解放，並且開始進行性療癒。男性則會成為新世界的夢想家、英雄豪傑及建造師。一夫一妻制將不再是男女關係的唯一解答，而是眾多選項中的其中一個。

當靈魂家族串連成一定數量的光之區域，同時金融系統已經腐朽不堪的時候，靈魂家族就會開始在現實世界中一起生活，然後開始成立光之社區。這些靈魂家族將會以更高的意識水平過生活。當眾人的意識提昇到一定的程度之後，這些光之社區就會拓展為光之島。光之島則是新地球上的光之網點，讓人們可以跟地外光明勢力進行第一次接觸。這些光明勢力將平息地球上所有的軍事衝突，讓人類進入和平的新時代。新時代的黎明即將緩緩升起，寶瓶座時代就在眼前了…

展望未來的幾年

2012年是太陽活動的極度活躍的一年。通常太陽每隔十一年會進入活動的極大期。活動極大期有如一扇門，可以讓銀河意識進入太陽系。說到銀河中央太陽，它的能量總能引發人類社會的重大變革。

如果我們仔細回顧銀河脈衝能量是如何在太陽活動極大期影響人類的話，我們將會看到一段令人瞠目結舌的大歷史。公元 1778 年的太陽活動極大期，美國獨立戰爭進入重要的轉捩點（譯註：當年法國正式承認美國，並且成為美國的軍事盟友），而美國兩年前才剛剛通過獨立宣言。公元 1788 年，太陽活動又一次進入極大期。一年之後，法國爆發大革命。公元 1804 年的太陽活動極大期，拿破崙登基成為法國皇帝。公元 1816 年的太陽活動極大期，維也納會議結束滿一周年。這場會議決定了後拿破崙時代以降的歐洲政局。公元 1830 年的太陽活動極大期，法國爆發七月革命。公元 1848 年的太陽活動極大期是一個重要的里程碑，因為歐洲大部分地區的封建體制在三月革命中走入歷史。公元 1860 年的太陽活動極大期，義大利在一年之後統一。公元 1871 年的太陽活動極大期，巴黎公社大規模起義。公元 1883 年的太陽活動極大期，印尼喀拉喀托火山發生近代最大規模的火山噴發。公元 1893 年的太陽活動極大期，紐約股市大崩盤。

時間來到二十世紀。太陽在公元 1907 年進入本世紀的首次活動極大期，而俄羅斯在 1905-1907 年內發生了第一次革命。公元 1917 年的太陽活動極大期，俄羅斯爆發十月革命。公元 1928 年的太陽活動極大期，美國股市大崩盤，連帶引發全球經濟大蕭條。公元 1937 年的太陽活動極大期，法西斯主義在全世界崛起，隨後引發第二次世界大戰。同一時間，銀河系當中無數的黑暗勢力被消滅。公元 1947 年的太陽活動極大期，南斯拉夫的鐵托一年之後便與史達林政權決裂。公元 1957 年的太陽活動極大期，第一顆人造衛星——史普尼克 1 號成功發射，人類從此進入太空時代。這次的太陽活動極大期也引發了國際政壇大震憾：1956 年蘇聯占領匈牙利，以及 1959 年的古巴卡斯楚革命。公元 1968 年的太陽活動極大期，嬉皮運動觸發了人類的性革命。公元 1980 年的太陽活動極大期，除了聖海倫火山爆發之外，地球局勢相對平穩。公元 1991 年的太陽活動極大期，東歐共產主義政權垮台。公元 2001 年的太陽活動極大期，911 事件震驚全世界。下一次太陽活動活動極大期將會出現在公元 2012 年。究竟前方有甚麼樣的光景等待著我們呢？

天文學家預測：2012 年的太陽活動極大期將會是 50 年來最強烈的一次。除此之外，2012 年也正好是銀河年——太陽系完成繞行銀河系公轉一圈。屆時銀河中央太陽將會發生能量大噴發。這些能量會經過木星之後抵達地球。公元 2009 年至 2012 年之間，這股能量將針對地球上的黑暗勢力進行最後的大掃除。公元 2010 年，能量將強大到足以引發新一波類似 90 年代早期的覺醒浪潮。現實生活中會出現越來越多的變革，也會有愈來愈多的人發現世界上正在發生一些非比尋常的事情。黑暗勢力在亞特蘭提斯時代創造的控制系統終將有望瓦解。人類也終將有餘力創造嶄新且更美好的生活。2012 年以後，銀河中央太陽的能量將會變得非常強大，以致於地球文明終於可能與地外文明進行第一次接觸。人類第一次接觸的外星種族是昴宿星人。昴宿星人打從亞特蘭提斯時代，人類剛開始在地球上發展文明的時候，就一直關注著人類的命運並且長期擔任地球人的靈性導師。當第一次接觸發生的時候，昴宿星人將會成群結隊地進入人類社會。

昴宿星人會傳授人類宇宙的真理，並且引領人類安然度過動盪的轉變期。2012年之後，銀河中央太陽的能量會不斷地進入地球，並且引發重大的改變。首先太陽的活動會越來越旺盛，導致地球表面發生氣候變遷。由於氣溫逐漸升高，北極圈巨量的甲烷水合物將會融化，加劇全球暖化和南北極的冰山融化。沿海地區可能會發生大洪水。因為沿海城市都可能被海水淹沒，多數人類不得不移居內陸或是高地。不過到時候地球上亦不存在黑暗勢力了；同時光明勢力會親自在第一線提供協助，因而這些地表世界的轉變不會對人類造成太大的生存壓力。我們預期人類的意識水平會在未來幾年內飛快提升，以至於第一波集體揚升潮應該可以在公元2016年左右發生，第二波集體揚升潮在公元2020年左右，而第三波集體揚升潮和大撤離在公元2025年左右大功告成。照理來說，地球應當在2025年揚升進入五維世界，並且在極移之後成為一顆有著超維度意識的神聖星球。

1975年——2025年是一個五十年的週期循環。這個週期循環是一個次元門戶，通過『絕對』將轉化宇宙中所有的黑暗，並且幫助地球進入五維世界。這五十年是我們在地球上輪迴轉世的旅程中最緊張刺激的時光。這種機遇要幾百萬年才會出現一次，希望大家能盡可能地善用自己這一世的人生。

願我們可以在即將誕生的新世界裡一起探險。

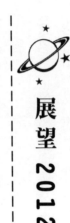

展望2012

大轉變會突然開始，事前不會有任何警告。許多社會體制在幕後運作的醜聞將逐一曝光，撼動人類社會。人類終將會了解到跨國能源企業如何靠石油貿易暴賺數十億美元，並且打壓自由能源：製藥大廠如何靠『治療』他們在秘密實驗室裡創造和散播的人工病毒來大發利市。愛滋病、癌症及其它疾病的有效療法也會公開給社會大眾。全世界的媒體會開始打破原來的審查機制，終結極少數人對全世界所有知名報章雜誌、媒體及電信公司的長期壟斷。最後世界秘密政府也會曝光。這個秘密政府挾持地球上最知名的政治人物當傀儡，同時數千年來靠戰爭及人類的苦難獲益。其實，每個人進職場工作之後，都會自願將月薪的一大部分送給一個在幕後控制全世界的小團體。

當陰謀集團的名單和他們的犯罪事實昭然於世之後，社會大眾將會發動起義。當股市和金錢流向的事實曝光之後，全世界的股市和貨幣系統就會崩盤。長期被欺壓的社會大眾可能會為了洩憤而在全世界發起暴動。

在動盪不安的陣痛轉變期之中，抵抗運動的成員們會離開他們地下基地，深入地表社會。他們將利用他們的先進科技和知識幫助人類盡早度過難關。他們的醫療技術能夠消滅絕大多數的已知疾病；自由能源科技將終結地球上長久以來的能源危機和環境汙染；各式各樣的知識和智慧將會讓人類大開眼界。人類終將發現：自己已經生活在隔離監獄裡面長達幾千年了。到時候金錢會逐漸消失，回歸以物易物的彈性經濟。抵抗運動會協助人類建立真正民主而且透明的世界政府，而這個新政府將依循銀河法典來治理新的世界。

新地球的能量場會比現在純淨許多。人類會開始回想起過去在亞特蘭提斯的生活，並且開始創建輝煌的光之文明——新亞特蘭提斯。亞特蘭提斯和現代風格的建築將會完美地融入自然景觀，而且許多建物會採用金字塔或半圓球造型。靈修人士會開始搬到光之島——新時代的靈性社區一同生活。所有人都會依照靈魂的神聖計畫追尋自己的理想，同時過著天人合一的生活。

當地球社會揮別舊時代的創傷記憶之後，全人類都會過著身強體建、感情豐沛而且神智清明的理想生活。光之島的社會基本單位不再是血緣組成的家族（父母、子女等等），而是採用靈魂家族制（雙生靈魂、靈魂伴侶以及靈魂家族的其他成員）。光之島上會配備若干個傳送室，讓居民可以前往抵抗運動的基地，有些居民甚至可以前往阿加森網路的地底世界和昴宿星母艦。

當地球光網格夠牢靠的時候，昴宿星飛船就可以進行大規模登陸。昴宿星人隨後將協助人類過渡到銀河時代，同時協助地球加入銀河聯盟。他們會在地球上錨定能量光柱，引導地球順利進入超光子能量帶。

一旦帶有銀河合一意識的新人類達到臨界質量，地球上就會發生第一波集體揚升潮。銀河聯盟的母艦將會化作潔白明亮的祥雲，漂浮在光之島上空。這些母艦會射下一道傳送光柱，讓自願揚升的民眾進入母艦。這些志願者不久之後便會帶著揚升的虹光身體回到地球。當自願揚升的人數達到144000人的臨界質量，地球上就會發生第二波集體揚升潮。新科揚升大師們接著會回到地球，籌備第三波揚升和大撤離。大撤離完畢之後，地球上將會發生天翻地覆的大災變，對實體世界進行徹底的大清理。緊接著地球將會發生極移，宣告第三波揚升和大撤離完滿結束。我們已經的線性時間就此畫下句點，地球也將進入高維度的全新世界。

伊斯塔．安塔瑞斯的訪談內容

問：宇宙人會如何解救地球人呢？

答：三波集體揚升就是人類得救的時刻。第一波集體揚升會將大約 1000-2000 名來自其他星系的星際人類帶上飛船。最早上飛船的星際人類有幾個特質：他們意識水平最高，已經放下所有對地球的執著，而且清楚他們將來的使命。他們會在飛船上恢復全意識，接著晉升成為揚升大師。他們可以自行選擇是否要回地球，協助人類直到全體大撤離。他們大多數會回到地球，有些則會前往別的地方。回到地球的新科揚升大師們會開始籌備第二波集體揚升，然後至少再撤離 144,000 人。未來在地球上至少需要有 144,000 名揚升大師才能渡化全人類，接著開始籌備第三波集體揚升。第三波集體揚升也是地球進行大清洗之前的撤離作業。

問：請問 1999 年 8 月 11 日，這個地球中心點發生改變的日期是否與某些事情有關？

答：這個日期跟所有的事情都相關。當天發生了日全食，具體發生時間和地點是早上 11 點 11 分，當時太陽正好就高掛在盧比安納天空的正中央。當時馬里博爾往北一帶都看能觀測到日全食。

問：關於第三波揚升，什麼才是最重要的事情呢？

答：最重要的是人類必須了解大撤離。當飛船艦隊現身的時候，他們要相信飛船，不用害怕。另外他們要放下所有對地球的執著，不論是生活、財物、親朋好友。到時後大家都能登上飛船，然後平安撤離才是真正要緊的事情。根本不需要匆忙趕回家找金銀珠寶、現金或小孩。換句話說，大撤離前的通知和宣導就是任務的關鍵，好讓人類不會攻擊飛船艦隊或者設法逃離。如果屆時世界上還有軍隊的話，也請軍方不要製造恐慌。

問：大撤離將會需要多久時間？

答：大撤離的時間會非常緊湊，撤離全人類的時間大概只需要十五分鐘。基本上大家不會有時間回家收拾財物帶走其它人。請大家到時候立刻登上飛船。那些跑回家的人可能再也找不到飛船了。更麻煩的是，撤離之後就會發生毀滅性的大地震及大洪水。表面看起來，大撤離是離奇又悲慘的事情，但實際上並非如此。大轉變之後，地球會徹底地清理乾淨，成為伊甸園般的樂園星球。不再有疾病、恐懼和污染。

問：大撤離之後，人們會過著甚麼樣的生活呢？還是會用肉身生活嗎？

答：這取決於個人意願。有些人會到其它星球繼續用肉身過二元生活。有些人和星際人類則願意以揚升大師的身份再回到新地球生活。另外一些人則會前往高維世界生活。

問：你從哪裡獲得這些訊息呢？

答：有些是我從內在收到的景象，有些是文獻的資料。我有很多不同的情報來源。

問：你從什麼時候開始對這些事物感興趣的呢？這之中又有甚麼原因？

答：我在很久以前就對宇宙方面的事情有濃厚的興趣。我從小時候就希望能夠離開地球並且回家，現在這個願望就快要實現了。

問：你記得你的家鄉和前世嗎？

答：大概在數百萬年前，也就是我還沒到地球生活的很久之前，我生活在昴宿星團的阿爾塔（Alta）或阿加胡星（Ajaho）。它是一顆乙太行星，而我們是一群意識水平很高的天使。那已經差不多是1500萬年——1800萬年前的事情了。這些資訊是正確無誤的，因為我從許多訊息管道交叉證實過。我對阿爾塔的生活記得一清二楚，那只有完美幸福。其實天使們已經是合一的狀態，天使只知道幸福和喜悅。

問：你的童年時期有什麼轉捩點嗎？你從什麼時候開始對宇宙感興趣呢？

答：我從五歲開始就對飛行器感興趣，我從六、七歲開始對宇宙和太空船著迷，我讀過很多科幻小說，天文學是我的嗜好，之後又多了占星術。現在我與星際存有們保持聯繫。

問：你是否與他們有過接觸呢？

答：我會說我正在與他們建立接觸，我還不能跟他們定期交流。這些星際存有並沒有住在地球上。

問：你曾經跟居住在地球上的星際存有們接觸過嗎？

答：有的。我有和他們接觸過，我認識的差不多有五十名。

問：斯洛維尼亞境內有多少星際人類？整個地球上又有多少呢？

答：我估計斯洛維尼亞境內的星際人類大約有數千人。全世界大概有幾十萬到數百萬人，我不知道確切的人數。

問：你如何與他們進行交流呢？

答：星際人類的外表上和普通人一樣。他們努力地精進自我，而且對靈性修行非常感興趣。生活於斯洛維尼亞的，我會用斯洛維尼亞語跟境內的星際人類們交流。不過最近我們也開始用星際語言跟一些腦袋夠清醒的星際人類們交心。

問：星際語言看起來像什麼呢？

答：它是一種天使語言。我們也在訓練自己的心電感應術，這個能力會隨著靈性發展而自行覺醒。我們還在發掘其他各種能力，我們在未來會非常需要它們。

問：你有跟其他地球上的星際人類交流過嗎？

答：我有與德國、丹麥、荷蘭和美國的星際人類交流過。

問：你們如何進行與彼此互動呢？

答：我與他們之中一些人在愛爾蘭見過面。我寫信給美國的星際人類團體，他們也回信給我，我們現在一直有保持聯絡。

問：關於你的前世記憶，你還記得什麼嗎？

答：我記得很多事情。包括亞特蘭提斯時代、埃及、印度及羅馬。這輩子我第二次轉世到斯洛維尼亞。我在地球上轉世過十二次，而這一次這是我用肉身存在的最後一世。

問：目前大撤離計畫的籌備階段，哪些是你最重要的任務呢？

答：我目前負責傳遞揚升計畫及大撤離的訊息。第一波和第二波集體揚升又叫做揚升波，星際人類會在第一波及第二波集體揚升中撤離，他們知道自己過去就是揚升大師。另外意識水平夠高，而且了解狀況的地球人也會被撤離。任何自願回到地球的新人類都會協助發展人類文明和實現大撤離。

問：我們生活週圍那些肉眼看不見的文明過著甚麼樣的生活呢？

答：乙太層裡面有許多文明。阿斯塔指揮部的代表們及幫助地球的揚升大師們可以在人類生活中來去自如，他們的人數大概有一千萬人。

他們所有人都是銀河聯盟的成員，他們長期以來都在幫助地球和其它星球。

最近他們派遣許多人到地球。地球上空也有很多他們的飛船，隨時都能進行大撤離行動。另外物質界的能量十分地稠密，在這裡開飛船的難度會比在乙太層難上許多。利用乙太層飛行甚至可以直接穿越地心。乙太世界還有許多中立和正面的存有，他們最近也常造訪地球。他們大多數是對地球生命感興趣的科學文明。這些星際訪客都是人畜無害的。他們有些人來自昴宿星區。當年亞特蘭提斯沉沒之後，有些亞特蘭提斯人決定回到昴宿星團。他們在昴宿星區建立了一個比地球進步很多的文明，不過他們現在還沒揚升。他們對地球的生活非常感興趣。

不過乙太層也有負面種族，它們之中有些外表像動物的原始存有，這些文明把人類當成他們的人質。有些文明更加負面，也更危險，它們就是獵戶座的黑暗之主。他們從亞特蘭提斯時代以來就已經在干預地球人的生活，尤其是可以使用信用卡的區域。他們打算藉由世界新秩序達成絕對的控制。這些黑暗之主的身體是肉眼看得見的肉身。

問：**正面文明如何幫助我們呢？**

答：他們會對地球發送正面能量。他們也正在進行一件地球人還看不見成果，但是非常重要的工作，那就是在乙太層打造地球光之網路，提升地球和及人類的振動頻率，我們會變得越來越樂觀。雖然地球光網格還沒完成，但已經有了一定的效果，好比說∼人間出現名為新時代的和平運動，還有前蘇聯和美國之間的冷戰結束。

問：**未來還有可能爆發核子戰爭嗎？**

答：未來再也不會發生核戰了，不過還是會有零星的區域衝突。目前波士尼亞就有戰爭的危機，戰火可能會蔓延到整個歐洲，前蘇聯也有類似的危機。

問：整個宇宙和所有文明的最終目標是什麼？

答：最終目標是進化到完美、幸福和合一的境界。我們過去朝著四面八方分散，到最後會上演大團圓。現在的我們已經明白了分離的意義，也能開始有意識地選擇回家。這就是一切的最終目標。

問：你最近有什麼計畫嗎？

答：我準備去洛杉磯，還不知道是否會回斯洛維尼亞。

問：為什麼你要去美國？你在美國有團隊嗎？

答：我在美國沒有團隊，這只是我的靈感。我正在找住在洛杉磯的一群人。我從亞特蘭提斯時代以來，就跟他們結下了不解之緣。我們都來自阿爾塔星的合一天使。後來我們各奔東西，但不至於完全沒有連繫。因為我們生生世世都是互相照應。這些人當中有個女孩是我的雙生靈魂。我在十年前的預知夢中看到了她。現在她正呼喚著我，於是我決定出發去找她。

問：每個人都有雙生靈魂嗎？

答：每個人投生到地球之前，都是跟自己的雙生靈魂一起生活。隨後我們各奔東西過著自己的生活，獲得不同的經驗。

問：男女的結合才算是一個整體嗎？

答：靈魂在投胎的時候會化身成一男一女。神秘法則說：這一對男女在成為大師之前的最後一世會相遇，並且一起生活。現在我要跟她見面。邂逅雙生靈魂是一件非常美妙的事情，他（她）是我們生生世世都在尋找的人。雙生靈魂的缺席經常會演變成生活中的失落感。一旦你找到自己跟雙生靈魂的牽絆，生活會變得輕鬆很多。

問：你如何與你的雙生靈魂連結呢？

答：冥想是很好的連結方式。大家可以在腦海中想像他（她）的模樣，觀想雙生靈魂最美好的一面。所有對他（她）的想像都來自於你們過去共同的生活記憶。對立極性對彼此的呼喚能夠形成十分強大的能量漩渦。一旦他（她）出現在你的面前，任何人都無法抗拒這種吸引力。任何人都會不顧一切地延續兩人之間的邂逅。

問：你如何認出這個女孩呢？

答：雖然我們還沒有見面，但我能認出她的外表和她的聲音。我非常瞭解她，我能馬上認出她。

問：如果雙生靈魂其中一人住在地球，另一人卻在其他星球呢？

答：如果是這種情況，靈魂伴侶將替補雙生靈魂的空缺。每個人在靈性道路上都會遇到自己雙生靈魂，或至少一位靈魂伴侶。這是地球建立合一能量的必要條件。我們之所以要從其它星球到地球生活，就是要順便引入雙生靈魂的合一能量。我們曾經與雙生靈魂生活在合一之中。就算我們現在是失憶的狀態，依然可以再度回想起來。我們會更容易地達成天人合一，我們將這股能量帶進地球，讓人類的發展進度加快許多。

問：星際存有之間的關係如何呢？

答：他們之間的相處非常融洽。每個人都懂得互助合作，每個人都按照自己的天賦和喜好各司其職。這對他們來說並不辛苦，反倒是樂在其中。現在有許多星際存有都在地球周圍的阿斯塔指揮部工作。阿斯塔指揮部是一個龐大的星際艦隊，艦隊指揮官是阿斯塔・謝蘭。

問：你能看見他們嗎？

答：我看不見他們，但是會做預知夢，我看過很多次飛船在大撤離的時候在地球上著陸。現在我還不能用肉眼看到他們。預知夢就像是一種感覺、一幅畫面。從某種程度上來說，我見過他們。

問：能看見他們的人數多嗎？

答：有些人能看見他們。很有趣的是，我看過的人事物，其他人也看過。這代表我們能夠互相印證我們看到的都是真的。

問：亞特蘭提斯為何會沉沒？

答：亞特蘭提斯沉沒過四次。第一次和第二次是自然災害，而第三和第四次則是水晶實驗失控。這些災難跟現在的天災都是為了打掃和淨化地球。

亞特蘭提斯文明因為脫離正軌而滅亡。大約在數百萬年前，獵戶座的黑暗之主來到地球。這些黑暗之主來自名為參宿七的恆星系，他們在地球上造成了極大的混亂。亞特蘭提斯時代就發生過黑白魔法師之間的激烈大戰，亞特蘭提斯文明也因此開始沒落，這就是有名的失樂園故事。

從更高的角度來看，亞特蘭提斯沉沒也是神聖計畫的一部分。黑魔法師也是得到阿斯塔司令的允許才能進入地球。他們必須能夠進入亞特蘭提斯文明，地球才會變成二元世界：神聖本源才能徹底清除所有的二元性。亞特蘭提斯時代發生過許多慘烈的戰爭及不當的基因實驗，而現代人正在重蹈覆轍。距今20萬年以前，也就是亞特蘭提斯晚期，亞特蘭提斯人藉助昴宿星系的大量知識發展出高度發達的文明。

當時的太空船像現在的飛機一樣在陸地上起降。亞特蘭提斯人不使用原子能，因為它是一種很不乾淨的能源。他們懂得用能量創造物質、星際旅行和心靈感應。可惜在大洪水之後，這些學問都沒有保留下來。

問：百慕達三角洲是否也跟亞特蘭提斯有關？

答：百慕達的海底有一台水晶發電機。它可以扭曲空間的磁場，進而創造一個零點能量場。零點能量場可以改變時空連續體，因而百慕達三角洲有一個穿梭時空的漩渦。時空漩渦可以把人送進乙太層，或者是過去、未來、甚至是其它的時空。

問：負面文明，好比說黑魔法師的歷史？

答：獵戶座的眾生其實就是揚升之後又墮落的天使。他們的歷史進展跟人類歷史很類似，但是他們墮落的情況比人類還嚴重。他們的起源有一部分仍然是個絕不能公開的大秘密。當時他們進入了物質界的核心地帶，並且將自身的意識與神聖本源完全分離。當宇宙誕生之際，神的某一部分也決定將自己分離出去。獵戶座的眾生就是屬於那個分離的部份。宇宙需要他們的存在，他們是神聖計畫的一部分，他們正在履行他們的使命。他們當中有許多人會在大撤離的時候得救，但也有許多人不會。至於到時候還想為非作歹的眾生也將死去，讓靈魂得以離體。

問：宗教的意義是什麼？

答：宗教最重要的部份是信任。人們其實不太在意宗教的表面形式。例如：誰死在十字架上了，又為什麼死在十字架上。人類反倒會相信更高層面的人事物。人間這幾年發生的轉變引發了許多混亂，因為人們對未來會發生的事情一無所知。人們得在亂世中信任來自高維存有的智慧和指導。

問：各大宗教的領導階層，例如：基督教或伊斯蘭教，是否已經注意到地球的大改變。如果知道了，他們接受嗎？

答：如果他們知道的話，他們肯定不敢有所行動。

問：聖經的啟示錄中有描述過大撤離嗎？

答：對於我們而言，把新約全書讀熟就夠了。新約裡面有很多關於大撤離的預示。

問：哪個宗教會在最近幾年內崛起呢？

答：未來不會再有像現在社會中的各種宗教了。未來的宗教會比較像是神祕心理學。人們會透過神秘學訓練和在覺醒的過程中認識自身的本質，也就是神。

問：神是什麼？自由意志又是什麼呢？

答：神並非言語可以描述，神就是愛。人類經常把神想像成是某個人。其實更重要的是開悟，然後親身體驗神。所有的事情在開悟之前都只是猜測、想法和觀念。人類必須體驗開悟，並且在開悟前保持信念與虔誠。相信神有一個計畫：相信地球上發生的事情有著崇高的意義〜相信大撤離會發生，並且相信亂世不等於世界末日，而是一次重要的過渡時期。

天災正在依照自然法則進行清理。地球上沒有人需要死去。只不過許多人寧可選擇死亡，也不願在地球上留下任何東西。每個人都會靠自由意志得救。星際艦隊已經為地球上的每一個人做好準備，甚至對謀殺犯也有合適的安排。

問：我們將在飛船上生活多久？那之後又會如何？

答：這取決於地球要花多長時間進行自我清理。即便過渡期並不長，地球還是會花幾年的時間做大掃除。天災本身可能會持續數天的時間。我個人認為清理只需要幾秒鐘。這是一個無法用時間衡量的事情，所有物質的結構將會發生不可思議的變化，屆時地球會在一瞬間跳躍進入更高的維度。未來我們就不能用地球的線性曆法測量時間了。如果我們用當前的線性時間測量的話，我估計清理需要大約十三年的時間，有些人的估計是五到七年。天災過後不久，揚升大師們將會進駐地球，開始進行善後作業。大部分的人類將不會回來，改到其它星球過著跟在地球上差不多的生活。因為再也沒有黑暗之主，世界上再也沒有饑荒與戰爭，大家的生活會變得愜意許多。

問：大撤離有相關的文獻資料嗎？我們在斯洛維尼亞可以取得嗎？

答：很多書籍和文章都有談到大撤離，但是相關的文獻資料不多。美國那邊有出版一本關於談論第一波、第二波集體揚升的書籍。現在相關的訊息已經開始從不同的管道對外釋出。

問：斯洛維尼亞在大撤離計畫中扮演著什麼角色呢？

答：斯洛維尼亞是一個非常重要的能量點，因為它恰好靠近波士尼亞的戰區。戰區的能量場裡面有一道裂縫。戰火很可能從那個弱點蔓延到整個歐洲。斯洛維尼亞就是隔離戰火的緩衝防線，讓武裝衝突不會從斯洛維尼亞擴散。斯洛維尼亞是受天堂能量眷顧的國家，她將會一直保持和平，迎接地球上的重大轉變。大撤離的相關訊息已經在斯洛維尼亞廣為流傳。斯洛維尼亞的國土不大，人口也不多，因而很容易達成意識上的臨界質量。

問：斯洛維尼亞對意識量子跳躍很重要嗎？

答：意識量子跳躍已經於 1993 年 9 月 14 日在斯洛維尼亞境內發生。大撤離的相關資訊也已傳遍全國。這意味著斯洛維尼亞，連帶她的子民們都已經獲得新生了。一旦時機成熟的時候，所有的斯洛維尼亞人都會準備好進行大撤離。斯洛維尼亞是一個新時代能量旋渦。全世界總共有十二個新時代旋渦，這些旋渦能量點是目前地球上最重要的集體意識聖地。

問：哪些因素會影響斯洛維尼亞境內的意識量子跳躍呢？

答：大撤離的相關訊息已經開始流傳。我們在這半年都一直在宣傳大撤離，也在很短的時間內達成人數的臨界質量。斯洛維尼亞境內大約有五百人參與新時代運動，其中大概有三十至四十人需要知道大撤離及揚升波。這五百個人多少知道揚升的事情。當他們讀到大撤離的相關文章的時候，他們也會著手做準備。他們的腦海中正在發生一些改變。一旦有 500 人知道揚升和大撤離計畫了，那麼沒多久就會又有 3000 人知道。一旦有 3000 人知道該做些甚麼的時候，斯洛維尼亞就會重獲新生。這些人會有意識地或者透過潛意識知道這些事情。當揚升和大撤離發生的時候，他們也都已經準備好了。這就是這些訊息需要廣為人知的原因。當所有的斯洛維尼亞人都知道揚升和大撤離的時候，全世界很快也都會知道。這些訊息就像野火燎原一樣，從斯洛維尼亞延燒到全世界。

斯洛維尼亞其實是某些事情的跳板。

最終章

當人類集體意識到達臨界質量的時候，第一波集體揚升將會發生。銀河聯盟的母船將會像彩雲一般盤旋在光之島的上空。接著母船會往下發送揚升光柱，將自願者帶上母船。不久之後，自願揚升的新人類將會以彩虹光體返回於地表世界。

緊接著人類又再次達成臨界質量，促成第二波集體揚升將會發生。許多新科揚升大師們將重返地球，開始籌備第三波集體揚升及大撤離。

最後，大災難將開始徹底清理地球的實體世界。在災難最劇烈的時刻，地球將會發生極移。這將引發第三波集體揚升和最後的大撤離。人類熟悉的線性時間將會就此終結。地球將從此進入到高維新世界。

附錄一——新亞特蘭提斯計畫

新亞特蘭提斯計畫的目標是新文明的理想雛型錨定到地球的現實生活。這個理想雛型融合了舊亞特蘭提斯的文明精髓（回首過去）以及所有源自合一的心願和引領人類進入美麗新世界的熱情（展望未來）。新亞特蘭提斯會是一個新時代的過渡文明，而它將帶領人類進入到寶瓶座時代。

新亞特蘭提斯計畫剛開始會分成兩個子計畫：

1 時空穿越石（TIME-SPACE LITHOPUNCTURE）

時空穿越石是具可以療癒地球能量體的石雕和石像。這些石雕和石像可以療癒地球周圍的時空異常，幫助人們在冥想中獲得全方面的覺醒。希臘羅馬時代的雕像和某些物品在亞原子結構裡帶有舊亞特蘭提斯時代的能量印記。如果我們將這些雕像或物品擺在特定的地點並且用冥想活化它們的能量印記，雕像和物品的能量場就會對周遭環境散發關於舊亞特蘭提斯時代的能量訊號。

2 開啟、活化和療癒行星能量漩渦

如果新亞特蘭提斯要在實體世界實現，就必須先在能量（原型概念）的世界成形。行星能量漩渦是生活在地球能量聖地的天使存有。它們在全世界為蓋亞母親準備迎接即將到來的盛大轉變。我們可以利用特定的冥想儀式和合適的錨定物（海水藍寶）活化這些天使能量漩渦，並且將它們與實體世界相連。這些能量漩渦經過活化和進行連結之後會開始加速人類的進化，並且為人類做好迎接新亞特蘭提斯的心理準備。我們還可以利用蛋白石讓行星能量漩渦連結來自宇宙的超光子能量場，進而活化和療癒這些漩渦。

以下是計劃中要陸續開啟的次元門戶：

圖勒，格陵蘭島

棕櫚谷／蘭開斯特郡，加州

莫哈韋沙漠，加州

雪士達山，加州

葡屬亞速爾群島，北大西洋

安地卡島、小安的列斯群島

阿拉穆姆魯，秘魯

阿蒂普拉諾高原，玻利維亞

復活節島

麥克默多，南極洲

沃斯托克湖，南極洲

莫皮蒂島、博拉博拉島、特莎羅阿島、朗吉羅雅環礁、社會群島

庫克群島

聖靈群島，洲

艾爾斯岩，澳洲

庫伯佩地，澳洲

閃電嶺，澳洲

埃夫伯里，英國

什切德羅島，克羅埃西亞

索契鎮 (Most naSoči)

蒂沃利 (Tivoli)、盧比安納，斯洛維尼亞

帕埃斯圖姆，義大利

維洛那、威尼斯，義大利

聖托里尼、克諾索斯、斯廷法利斯 (Stymfalia)，希臘

阿哈加爾高原，阿爾及利亞
吉薩、盧克索，埃及
岡仁波齊峰，西藏
阿克賽欽以北地區 (Soda Plain)，西藏
富士山，日本
帕米爾高原
斯卡杜縣，吉爾吉特，巴基斯坦。

新亞特蘭提斯文明能在現實生活中顯化之前，行星漩渦必須在能量世界，在原型世界裡變得有生氣，有活力。行星漩渦是天使存有，其處在環繞整個世界的特殊能量點上，並正為地球上的眾生做著準備，以應對地球上所期待的偉大轉變。通過特定的冥想工作，我們能夠活化這些天使漩渦（行星漩渦）。通過使用適合的錨定物（碧綠色的水晶），我們能將它們與物質層面進行連接，以便它們開始加速人類的進化，並為新亞特蘭蒂斯時代的到來而做好人類意識上的準備。通過使用某些特定的水晶蛋白石，我們可以將行星漩渦與超光速粒子能量場進行連接，這種超光速粒子能量場是從星際空間而來，並到達了這顆星球，由此，我們可以對行星漩渦進行活化及療癒。

附錄二--迎接黃金時代

黃金時代是屬於全人類，由全人類一起創造，下列網站有更多關於全球轉變的最新消息

國際黃金時代團隊官網

http://www.golden-ages.org

Prepare for Change **準備轉變_華人訊息中心_臉書社團**

https://www.facebook.com/groups/186140844883963

Prepare for Change **準備轉變臉書粉絲專頁**

https://www.facebook.com/PrepareforChange

光之工作坊

http://lovelight777.com

光之緣（大陸地區）

www.gzy777.com

柯博拉Cobra 訊息官網

http://2012portal.blogspot.tw/

全 球準備轉變官網

http://prepareforchange.net

TACHYONIS 官方網站

http://tachyonis.org/Technologies.html

國際黃金時代團隊導航

http://return-to-light.yolasite.com/

蓋婭聯盟

http://gaiaconfederation.blogspot.tw/

銀河光之家族

Galactic Family of LIGHT

原著書名：Aurora 2012 – A Manual For Preparedness
作者：伊斯塔 · 安塔瑞斯 (Ishtar Antares)
譯者：空弦 、施博巽
發行人：凱富生物科技有限公司
出版發行：凱富生物科技有限公司
內頁文字排版：Sukh Atma Kaur
封面設計：劉恩霖 、Juhui Chang
插畫設計： 獵戶心
聯絡地址：新北市新店區中正路 700 巷 65 號 8 樓
聯絡電話：(02)8218-3311
傳真：(02)8218-1951
E-mail：kf.poct@gmail.com
網址：光之工作坊 -www.lovelight777.com
出版日期：2015/09/09 初版
定價 : 新台幣 380 元

國家圖書館出版品預行編目 (CIP) 資料

銀河光之家族 / 伊斯塔 . 安培瑞斯 (Ishtar Antaries) 著 ; 空弦 , 施博巽譯 . -- 初版 . -- 新北市 : 凱富生物科技 , 2015.09
面 ;　15 公分
譯自 : Aurora 2012 : a manual for preparedness.

ISBN 978-986-92210-0-9(平裝)

1. 靈魂 2. 靈修 3. 自我實現

175.9　　104017742